DEVOCIONAL
Florescer

**DEIXE O AMOR DE DEUS BROTAR
EM CADA DEVOCIONAL**

DEVOCIONAL

Florescer

DEIXE O AMOR DE DEUS BROTAR
EM CADA DEVOCIONAL

TATI SOEIRO

São Paulo, 2024

Sumário

Introdução	07
Como fazer sua Devocional Florescer	08
Eva	11
Sara	18
Hagar	25
Mulher de Ló	32
Milca	39
Rebeca	46
Lia	53
Zilpa	60
Raquel	67
Dina	74
Tamar	81
Asenate	88
Sifrá e Puá	95
Joquebede	102
Miriã	109
Raabe	116
Débora	123
Jael	130
Noemi	137
Rute	144
Ana	151
Dalila	158
Mical	165
Abigail	172
Rispa	179
Bate-Seba	186

Rainha de Sabá	193
Viúva de Sarepta	200
Mulher Sunamita	207
Hulda	214
Vasti	221
Ester	228
Isabel	235
Maria	242
Ana	249
Marta	256
Maria de Betânia	263
Maria Madalena	270
Mulher do Fluxo de Sangue	277
Mulher Samaritana	284
Mulher Cananeia	291
Viúva de Naim	298
Joana	305
Pobre Viúva	312
Salomé	319
Tabita/Dorcas	326
Lídia	333
Eunice	340
Priscila	347
Febe	354
Síntique e Evódia	361
Junia	368
Encerrando Nossa Jornada	377
Sobre a autora	381

Introdução

Há um convite suave que Deus faz a cada uma de nós, chamando-nos a mergulhar na Sua presença, a nutrir nosso espírito com as Suas palavras e a encontrar beleza na simplicidade da devoção diária. Este livro é mais do que um guia de leitura; ele é uma jornada, semana após semana, pela vida de 52 mulheres da Bíblia, mulheres que, assim como nós, trilharam caminhos de desafios, fé e transformação.

Cada devocional é um fio delicado de reflexão que se entrelaça com o seu dia a dia, trazendo força, inspiração e graça. Não se trata apenas de ler uma história, mas de vivê-la em seu coração, permitindo que as verdades dessas mulheres ecoem em sua vida. Ao longo deste ano, semana após semana, seremos lembradas de que somos amadas, chamadas e escolhidas por Deus, assim como elas foram.

Este é um chamado para criar um espaço sagrado em meio à rotina, pelo qual você pode ouvir a voz de Deus, sentir Sua presença e aplicar Suas verdades em sua vida de maneira prática e intencional. Que ao meditar sobre cada texto, você possa florescer espiritualmente, encontrando no cotidiano as oportunidades de viver a fé de forma real e transformadora.

Permita que cada devocional seja uma semente de esperança, plantada no solo do seu coração, germinando em atos de fé, esperança e amor. Que você se sinta fortalecida e inspirada a caminhar ao lado dessas grandes mulheres da Bíblia, e, acima de tudo, ao lado de Deus, todos os dias.

Com todo carinho,

Tati Soeiro

COMO FAZER SUA
devocional
florescer

A devocional Florescer foi criada para guiá-la em uma jornada de descoberta espiritual profunda e reflexão diária. Ao seguir cada um dos passos, você será conduzida a mergulhar nas histórias dessas grandes mulheres da Bíblia e a aplicar os ensinamentos delas em sua vida cotidiana.

01 Sobre: descobrindo a história da personagem

Cada semana começará com uma personagem bíblica. Aqui, você conhecerá sua história, suas lutas, suas conquistas e o impacto que ela teve em sua geração. Leia com atenção, mergulhando nos detalhes que revelam a força e fé dessa mulher e o que ela pode lhe ensinar hoje.

02 Devoção & Oração

Esse é o seu momento sagrado de leitura devocional. Ao longo da semana, separe um tempo para ler o texto bíblico relacionado e orar sobre ele. Peça a Deus para abrir seu coração e sua mente para entender a mensagem e para aplicá-la de forma concreta em sua vida.

03 Pausa & Reflexão

Durante cada dia da semana, tire um tempo para refletir sobre uma pergunta específica. Essa pausa é fundamental para que você examine sua vida com Deus, considerando como os desafios e as virtudes dessa mulher bíblica podem influenciar sua caminhada espiritual.

04 Checklist

Use o checklist como uma ferramenta prática para acompanhar sua jornada devocional. Ele serve como um marcador que permitirá que você não se perca nas tarefas da semana e se mantenha no caminho, focada em sua jornada de crescimento espiritual.

05 Aplicação

Aqui, você terá a oportunidade de escrever o que aprendeu com essa mulher da Bíblia e como pode aplicar os ensinamentos dela em sua vida. Esse é o espaço onde você conecta a história bíblica à sua realidade, trazendo os princípios para transformar suas atitudes e decisões diárias.

06 Oração

Por fim, utilize esse espaço para escrever sua oração pessoal. Abra seu coração a Deus, agradeça pelo que Ele tem te mostrado, peça sabedoria para aplicar os aprendizados e compartilhe com Ele os desejos e as necessidades de sua alma. Este é o momento de comunhão profunda entre você e Deus.

Vamos juntas?

DEVOCIONAL

mulheres da Bíblia

Semana 01

DATA DA SUA HISTÓRIA:
4000 a.C.

LOCALIZAÇÃO EM QUE VIVEU
Jardim do Éden,
provavelmente a região do Crescente Fértil

Sobre Eva

 ORIGEM · MATERNIDADE · TENTAÇÃO

Eva é uma figura central no relato bíblico da criação e é a primeira mulher mencionada na Bíblia. De acordo com Gênesis, ela foi criada por Deus a partir da costela de Adão para ser sua companheira. Esse evento simboliza a união íntima e o relacionamento especial entre homem e mulher.

Deus viu que não era bom que o homem estivesse só e decidiu fazer uma auxiliadora adequada para ele. Deus fez Adão cair em um sono profundo e, enquanto ele dormia, tirou uma de suas costelas e formou Eva. Junto a Adão, Eva, recebeu a bênção de Deus e a ordem de serem fecundos, multiplicarem-se, encherem a terra e subjugá-la.

Eva é a mãe de Caim, Abel e Sete, e por meio de seus filhos, ela é a ancestral de toda a humanidade. Ela é tanto a mãe de todos os vivos quanto uma figura central no drama do pecado e da redenção. Sua história ressalta temas de tentação, pecado, julgamento e graça.

A história de Eva destaca o livre-arbítrio humano e a capacidade de escolher entre o bem e o mal. A queda de Eva e Adão ilustra as consequências duradouras do pecado e a necessidade de redenção. Ela representa o papel fundamental das mulheres na criação e na história humana, apesar das consequências do pecado original.

> *Eva, como a mãe de todos os viventes, simboliza o florescer da humanidade, já que mesmo após a queda, a promessa de redenção brotou como esperança para toda a criação.*

Semana 01

LEITURA DA SEMANA
Gênesis 2: 18-25
Gênesis 3

Neste texto, vemos o toque cuidadoso e sábio de Deus na criação da humanidade. O Criador, em Sua infinita sabedoria, percebeu que não era bom que o homem estivesse só e, então, em um gesto divino de amor, formou a mulher, uma auxiliadora que seria perfeita para ele. Esse ato revela verdades profundas sobre a natureza humana e os laços que nos unem.

A mulher, criada da costela de Adão, traz consigo um simbolismo poderoso. Não foi feita da cabeça, para estar acima, nem dos pés, para estar abaixo, mas do lado, para caminhar ao lado do homem. Juntos, homem e mulher refletem a harmonia da criação, complementando-se e espelhando a unidade e a diversidade que fluem do coração de Deus.

Eva, chamada de "mãe de todos os viventes", carrega em si a bênção da maternidade. Ela foi a primeira a gerar vida, inaugurando a continuidade da humanidade. Por meio dela, o dom da procriação foi estabelecido, abrindo caminho para que a vida florescesse e se multiplicasse na terra. Cada mãe, desde então, carrega um pedaço de Eva em seu ventre, ecoando o milagre da criação.

Contudo, no Éden, Eva enfrentou a serpente, que com suas palavras astutas, a seduziu para desobedecer a Deus. Ao comer do fruto proibido, ela abriu as portas para o pecado e a morte entrarem no mundo. Esse ato trouxe uma profunda separação entre Deus e a humanidade, uma rachadura no relacionamento perfeito que antes existia.

Mas a história de Eva não termina com a queda. Mesmo em meio à dor da desobediência, Deus, em Sua infinita misericórdia, planta a semente da redenção. Ele promete que da descendência da mulher viria Aquele que esmagaria a cabeça da serpente (Gênesis 3:15). Esta é a primeira promessa do Messias, apontando para Jesus Cristo, o redentor que traria restauração e reconciliação entre Deus e a humanidade.

A história de Eva, portanto, é um entrelaçar de vida, falhas e redenção. Ela nos lembra do nosso papel vital como portadoras de vida, da fragilidade diante da tentação, mas também da esperança inabalável que temos em Cristo. Mesmo em meio à queda, há sempre a promessa de redenção – um plano divino que, por intermédio de Jesus, nos oferece a restauração e a cura. Eva nos ensina que, mesmo diante dos nossos erros, há um caminho de volta aos braços do Criador.

Semana 01

Pausa & Reflexão

Dia 01 — Como o ato de Deus criar Eva a partir da costela de Adão demonstra a importância da parceria nos relacionamentos? Você tem experiências pessoais pelas quais percebeu a importância de um companheiro ou companheira?

---

02 — Leia Eclesiastes 4:9-12 e reflita: Você já teve momentos em que um amigo fez toda a diferença em sua jornada? Como isso se alinha com a ideia de que "melhor é serem dois do que um"?

---

03 — Eva é chamada de "mãe de todos os viventes". Como essa designação nos mostra a importância da maternidade e do legado familiar? Há exemplos em sua vida onde o papel de mãe ou figura materna foi crucial?

---

04 — Salmos 127:3 diz: "Eis que os filhos são herança do Senhor, e o fruto do ventre o seu galardão". Como você vê a verdade de que os filhos são uma herança do Senhor se manifestando na sua vida ou na vida de outros ao seu redor? Qual é a importância da família em sua visão pessoal?

---

05 — A história de Eva nos alerta sobre a realidade da tentação. Como você tem enfrentado tentações em sua vida diária? Quais estratégias você usa para resistir a elas?

Semana 01

Local

_____

(Preencha com o local de seu momento devocional)

Checklist

Atividade	Data
☐ Leitura	____/____/____
☐ Dia 1	____/____/____
☐ Dia 2	____/____/____
☐ Dia 3	____/____/____
☐ Dia 4	____/____/____
☐ Dia 5	____/____/____
☐ Aplicação	____/____/____
☐ Oração	____/____/____

Semana 01

Tire um momento de pausa a cada dia da semana para meditar e refletir por meio das perguntas sugeridas. Use este espaço para anotar suas respostas.

Semana 01

Aplicação

O que você aprendeu com essa mulher da Bíblia e como pode aplicar esses ensinamentos em sua vida?

_____
_____
_____
_____
_____
_____
_____
_____
_____
_____
_____
_____
_____
_____
_____
_____
_____
_____
_____
_____
_____
_____
_____
_____
_____
_____
_____
_____
_____
_____
_____

Semana 01

Use este espaço para escrever sua oração.

Semana 02

DATA DA SUA HISTÓRIA:
2081 a.C.

LOCALIZAÇÃO EM QUE VIVEU
Ur dos Caldeus,
Harã, Canaã e Egito

Sobre Sara

PACIÊNCIA · RELAÇÃO CONJUGAL · INFLUÊNCIA

Sara (originalmente chamada Sarai). O nome "Sara" significa "princesa" ou "nobre senhora" em hebraico. Sara era a esposa de Abraão e uma figura central no livro de Gênesis. Ela é conhecida como a mãe de Isaac e a matriarca do povo de Israel.

Sara deixou sua terra natal, Ur dos Caldeus, para seguir Abraão em resposta ao chamado de Deus. Durante uma fome, Sara e Abraão foram ao Egito. Com medo de ser morto, Abraão disse que Sara era sua irmã. O Faraó tomou Sara para seu palácio, mas Deus interveio e ela foi libertada.

Deus prometeu a Abraão e Sara um filho, mesmo em sua velhice. Sara, impaciente com a promessa de Deus, deu sua serva Agar a Abraão, resultando no nascimento de Ismael.

Finalmente, conforme prometido por Deus, Sara deu à luz Isaac quando tinha 90 anos, reafirmando a fidelidade de Deus. Após o nascimento de Isaac, conflitos surgiram entre Sara e Agar, levando Abraão a enviar Agar e Ismael embora.

Como matriarca, Sara desempenhou um papel crucial na história de Israel, influenciando gerações futuras por meio de seu filho, Isaac. Sua vida demonstra a fidelidade de Deus às Suas promessas e a importância da fé, mesmo diante de circunstâncias impossíveis. Ela é mencionada no Novo Testamento como um exemplo de fé (Hebreus 11:11) e como uma modelo de obediência e santidade (1 Pedro 3:6).

Sara morreu aos 127 anos em Hebrom. Abraão comprou a caverna de Macpela para enterrá-la, que se tornou o túmulo da família.

Sara, mesmo em meio à espera e incertezas, floresceu no tempo perfeito de Deus, revelando que Suas promessas sempre se cumprem, trazendo vida e alegria.

Semana 02

LEITURA DA SEMANA
Gênesis 11: 29-31
Gênesis 12: 10-20
Gênesis 16
Gênesis 21: 1-7

A história de Sara é uma jornada profundamente feminina, marcada por desafios que muitas de nós podemos compreender. Desde o início, a esterilidade de Sara não foi apenas uma dificuldade física, mas uma marca de espera, dor e expectativa. Em meio à decisão de Tera de deixar Ur dos Caldeus, vemos o início de uma mudança – uma preparação silenciosa para o chamado divino que levaria Sara e Abraão à terra prometida. A parada em Harã reflete as pausas e transições que enfrentamos em nossas próprias vidas, momentos em que o caminho parece incerto, mas a voz de Deus nos chama a continuar.

Abraão, em um momento de medo, leva Sara ao Egito e mente sobre quem ela é. Ele a apresenta como irmã, protegendo a si mesmo, mas colocando Sara em uma posição vulnerável. Mesmo assim, Deus intercede. Isso nos lembra que, mesmo quando somos afetadas por escolhas que não controlamos, o cuidado soberano de Deus está sempre presente, conduzindo-nos e protegendo-nos. Seus planos não são frustrados pelas nossas falhas, e Sua mão está sobre nós, mesmo quando o medo nos paralisa.

E então vem o momento em que Sara, cansada da espera, propõe a Abraão que tenha um filho com Agar, sua serva. Quantas vezes, no cansaço da demora, tentamos forçar a realização das promessas de Deus? Agar concebe Ismael, mas isso traz sofrimento, não apenas para Sara, mas para todos ao redor. Ainda assim, Deus, em Sua infinita misericórdia, cuida de Agar no deserto e promete abençoar seu filho, nos lembrando que Ele nunca abandona os que sofrem.

Por fim, no tempo perfeito de Deus, Sara concebe Isaac, o filho da promessa. O riso de descrença que um dia escapou de seus lábios é agora transformado em um riso de alegria e regozijo. A espera foi longa, a caminhada cheia de incertezas, mas a fidelidade de Deus é constante. Ele transforma lágrimas em risos, e a promessa que parecia impossível torna-se realidade.

A vida de Sara é um convite à fé paciente, à espera no tempo de Deus e à confiança em Sua soberania. Assim como ela, somos chamadas a acreditar que, mesmo quando o caminho parece desafiador, o Senhor é fiel. Seu plano, em meio a nossas complicações e falhas, floresce no tempo certo. Que possamos aprender a descansar na promessa de que Ele prometeu, e que, ao final, nosso riso será de alegria.

Semana 02

Pausa & Reflexão

Dia 01
Como você lida com situações em que as promessas de Deus parecem impossíveis de serem cumpridas? Você já enfrentou um desafio que parecia insuperável, mas viu a mão de Deus agir em sua vida?

02
Gênesis 12:10-20 descreve como Abraão foi ao Egito durante uma fome e mentiu sobre Sara ser sua irmã. Você já tomou decisões baseadas no medo em vez de confiar em Deus? Como isso afetou a sua vida e o que você aprendeu dessa experiência?

03
Gênesis 16 relata a história de Sara dando sua serva Agar a Abraão para ter um filho. Quais são as consequências de tentar resolver problemas à nossa maneira em vez de confiar no tempo de Deus? Você tem um exemplo em sua vida onde a espera pela solução divina teria sido a melhor escolha?

04
Como você percebe a presença de Deus em momentos de desespero ou sofrimento? Você já experimentou o cuidado de Deus em situações difíceis?

05
Gênesis 21:1-7 descreve o cumprimento da promessa de Deus com o nascimento de Isaac. Como você celebra e agradece a Deus quando Suas promessas se cumprem em sua vida? Você pode compartilhar um momento de alegria onde viu claramente a mão de Deus trabalhando?

Semana 02

Local

(Preencha com o local de seu momento devocional)

Checklist

	Atividade	Data
☐	Leitura	___/___/___
☐	Dia 1	___/___/___
☐	Dia 2	___/___/___
☐	Dia 3	___/___/___
☐	Dia 4	___/___/___
☐	Dia 5	___/___/___
☐	Aplicação	___/___/___
☐	Oração	___/___/___

Local & Checklist | Sara

Semana 02

Reflexão

Tire um momento de pausa a cada dia da semana para meditar e refletir por meio das perguntas sugeridas. Use este espaço para anotar suas respostas.

Semana 02

Aplicação

O que você aprendeu com essa mulher da Bíblia e como pode aplicar esses ensinamentos em sua vida?

_____
_____
_____
_____
_____
_____
_____
_____
_____
_____
_____
_____
_____
_____
_____
_____
_____
_____
_____
_____
_____
_____
_____
_____
_____
_____
_____
_____
_____
_____
_____

Aplicação | Sara

Semana 02

Oração

Use este espaço para escrever sua oração.

Semana 03

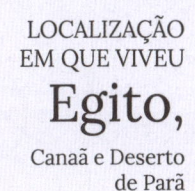

DATA DA SUA HISTÓRIA:
2081 a.C.

LOCALIZAÇÃO EM QUE VIVEU
Egito,
Canaã e Deserto de Parã

Sobre Hagar

RESILIÊNCIA · CUIDADO DIVINO · MÃE SOLITÁRIA

Hagar era uma serva egípcia de Sara, esposa de Abraão. Quando Sara não conseguiu ter filhos, ela deu Hagar a seu marido Abraão para que ele pudesse ter um filho por meio dela. Hagar concebeu e deu à luz Ismael. Após conceber, ela começou a desprezar sua senhora, Sara, o que causou tensões entre elas.

Devido ao tratamento severo de Sara, Hagar fugiu para o deserto. Lá, o anjo do Senhor apareceu a ela, prometendo que sua descendência seria numerosa e que ela teria um filho, Ismael, cujo nome significa "Deus ouve". Hagar retornou e deu à luz Ismael.

Após o nascimento de Isaque, filho de Abraão e Sara, Hagar e Ismael foram expulsos. No deserto de Berseba, Deus ouviu o choro de Ismael e providenciou água, renovando Suas promessas a Hagar sobre o futuro de seu filho.

A vida de Hagar é uma história de resiliência em meio ao sofrimento. Deus a encontrou em seus momentos de maior desespero e forneceu um cuidado divino de conforto e promessa. Hagar também representa muitas mães que enfrentam desafios sozinhas. Sua história oferece esperança de que Deus cuida dos solitários e dos marginalizados.

> *Hagar floresceu no deserto, onde sua dor encontrou o cuidado de Deus, e sua fé brotou em meio à adversidade, trazendo vida e esperança.*

Semana 03

> LEITURA DA SEMANA
> *Gênesis 16: 1-16*
> *Gênesis 21: 8-21*

A história de Hagar nos envolve em um abraço de esperança, mostrando que Deus vê e ouve cada uma de nós, especialmente nos momentos de maior dor e desespero. Quando Hagar, solitária e rejeitada, fugiu para o deserto, acreditando estar completamente abandonada, Deus a encontrou com Sua compaixão infinita. Ele a chamou pelo nome, ouvindo seu clamor e providenciando o que ela mais precisava: não apenas sustento, mas também um propósito.

As promessas de Deus para Ismael, o filho de Hagar, revelam que Ele tem um plano para cada um de nós, independentemente de onde viemos ou do que enfrentamos. Assim como Ele prometeu a Abraão uma grande descendência, Ele assegurou a Hagar que seu filho também seria o pai de uma grande nação. Deus, em Sua graça, estende Seu cuidado para além das expectativas, acolhendo aqueles que o mundo muitas vezes marginaliza.

Hagar, em sua resiliência, encontrou força para continuar em meio à adversidade. Sua história é um testemunho de fé persistente, uma lembrança de que mesmo nas situações mais desesperadoras, Deus está presente, trabalhando em nosso favor.

Nos desertos da vida, onde as lágrimas caem silenciosas e os gritos parecem se perder no vento, a história de Hagar nos lembra de uma verdade profunda: Deus vê. Ele ouve nossos clamores e, com mãos amorosas, nos provê tudo o que necessitamos para seguir em frente. Mesmo quando o mundo nos rejeita ou nos empurra para a margem, Deus está lá, com promessas que nos levantam e nos dão esperança.

Hagar floresceu no deserto, não por suas circunstâncias, mas pela intervenção divina que a encontrou em seu momento mais sombrio. Quando tudo parecia perdido, Deus a viu, ouviu seu clamor e a levantou com promessas de esperança e propósito. Em meio à rejeição e solidão, Hagar descobriu sua força em Deus, e a mãe solitária, que fugia sem rumo, tornou-se a mulher que carregava a promessa de uma grande nação. O deserto, que parecia o fim, tornou-se o solo fértil onde a fé e a resiliência de Hagar se fortaleceram, revelando que mesmo nas adversidades, Deus faz brotar vida e esperança.

A graça de Deus é suficiente para sustentar cada uma de nós, em qualquer circunstância, e Suas promessas são a âncora que nos mantém firmes no caminho.

Semana 03

Pausa & Reflexão

Dia 01 — Gênesis 16:13 diz: "Então ela invocou o nome do Senhor, que lhe falava: Tu és Deus que vê." Como a certeza de que Deus vê e ouve suas aflições impacta a maneira como você enfrenta suas dificuldades?

02 — Você já experimentou um momento em que Deus interveio em uma situação aparentemente sem esperança? Como isso fortaleceu sua fé?

03 — Gênesis 16:10: "Disse-lhe mais o Anjo do Senhor: Multiplicarei sobremaneira a tua descendência, de modo que por numerosa não será contada." Como as promessas de Deus para Hagar sobre Ismael podem encorajar você a confiar nas promessas que Ele fez para sua vida?

04 — De que maneiras você tem demonstrado resiliência em tempos de adversidade? Como a história de Hagar pode inspirar você a perseverar?

05 — Em Gênesis 16:6, Agar foge para o deserto em busca de escapar de sua aflição. Quando você enfrenta situações difíceis, você tende a fugir ou buscar a orientação de Deus? Como você pode melhorar sua dependência em Deus?

Semana 03

Local

_____

(Preencha com o local de seu momento devocional)

Checklist

	Atividade	Data
☐	Leitura	____/____/____
☐	Dia 1	____/____/____
☐	Dia 2	____/____/____
☐	Dia 3	____/____/____
☐	Dia 4	____/____/____
☐	Dia 5	____/____/____
☐	Aplicação	____/____/____
☐	Oração	____/____/____

Semana 03

Reflexão

Tire um momento de pausa a cada dia da semana para meditar e refletir por meio das perguntas sugeridas. Use este espaço para anotar suas respostas.

Semana 03

Aplicação

O que você aprendeu com essa mulher da Bíblia e como pode aplicar esses ensinamentos em sua vida?

Semana 03

Use este espaço para escrever sua oração.

Semana 04

DATA DA SUA HISTÓRIA:
2067 a.C.

LOCALIZAÇÃO EM QUE VIVEU
Sodoma

Sobre a mulher de Ló

DESOBEDIÊNCIA · APEGO · CONSEQUÊNCIA

Ela era a esposa de Ló, sobrinho de Abraão. Sua história é mencionada principalmente em Gênesis, durante a narrativa da destruição de Sodoma e Gomorra.

Quando Deus decidiu destruir Sodoma e Gomorra devido à sua grande maldade, Ele enviou anjos para resgatar Ló e sua família. Os anjos instruíram Ló, sua esposa e suas filhas a fugirem rapidamente e não olharem para trás. Durante a fuga, a mulher de Ló desobedeceu à ordem de não olhar para trás e, ao fazê-lo, foi transformada em uma estátua de sal. Este evento é frequentemente interpretado como um símbolo do apego ao passado e à vida de pecado em Sodoma.

A história da mulher de Ló sublinha a importância da obediência às instruções divinas. Sua desobediência resultou em uma punição imediata e severa, destacando a seriedade de seguir as ordens de Deus. A transformação da mulher de Ló em uma estátua de sal ao olhar para trás simboliza o perigo de se apegar ao passado, especialmente a uma vida de pecado. É um chamado para seguir em frente e confiar no plano de Deus, deixando para trás as velhas formas de vida.

A mulher de Ló, apesar de ser uma figura sem nome, tem uma história que ressoa profundamente com lições de obediência, desapego e foco espiritual. Sua transformação em uma estátua de sal permanece como um símbolo duradouro das consequências da desobediência e do apego ao passado.

> *A mulher de Ló perdeu a chance de florescer ao olhar para trás, agarrada ao passado, deixando de ver o futuro que Deus havia preparado*

Semana 04

LEITURA DA SEMANA
Gênesis 19: 15-26
Lucas 17:32

A história da mulher de Ló é como um eco distante que ressoa até hoje, com um tom de tristeza e aprendizado. Em sua jornada para fora de Sodoma, ela carrega mais do que seus pés podem suportar – o peso de um passado que ela se recusa a abandonar. O céu havia dado uma ordem clara: fugir sem olhar para trás. Mas em um instante de fraqueza, ela vira o olhar, e em sua desobediência, é transformada em uma estátua de sal, eternamente congelada no limiar entre o passado e o futuro.

Jesus, em Sua sabedoria, nos alerta em Lucas 17:32: "Lembrai-vos da mulher de Ló". Não é apenas uma advertência, mas um sussurro de amor para nós, mulheres, lembrando-nos de que há um chamado maior. Um chamado para seguir em frente, sem amarras ao que nos prende ao ontem. Sua história é um convite para soltar o que já passou e caminhar com os olhos fixos nas promessas de Deus.

Ao refletir sobre a mulher de Ló, somos desafiadas a examinar nossos corações. Onde ainda olhamos para trás? O que ainda nos impede de seguir plenamente o caminho que Deus tem para nós? O passado pode ter seus encantos, mas a obediência e a confiança em Deus nos impulsionam a florescer em Sua vontade, deixando para trás o que nos impede de crescer.

Semana 04

Pausa & Reflexão

Dia

01 Em quais áreas da sua vida você tem dificuldade em obedecer às instruções claras de Deus? Como você pode melhorar essa obediência? Leia João 14:15: "Se me amais, guardareis os meus mandamentos".

02 Lucas 17:32 diz: "Lembrai-vos da mulher de Ló". Existe algo do seu passado que você tem dificuldade em deixar para trás? Como isso está afetando sua caminhada com Deus? Leia Filipenses 3:13-14: "Esquecendo-me das coisas que atrás ficam e avançando para as que estão diante de mim, prossigo para o alvo, pelo prêmio da soberana vocação de Deus em Cristo Jesus".

03 Como você está priorizando o Reino de Deus em sua vida? Há coisas terrenas que estão tomando o lugar de Deus em seu coração?

04 João 2:15-17 diz: "Não ameis o mundo, nem o que no mundo há. Se alguém ama o mundo, o amor do Pai não está nele". Quais são as coisas do mundo que você acha difícil de desapegar? Como você pode realinhar seu coração para amar mais a Deus do que ao mundo?

05 Em quais áreas da sua vida você precisa confiar mais em Deus e menos no seu próprio entendimento?

Semana 04

Local

_____

(Preencha com o local de seu momento devocional)

Checklist

Atividade	Data
☐ Leitura	____/____/____
☐ Dia 1	____/____/____
☐ Dia 2	____/____/____
☐ Dia 3	____/____/____
☐ Dia 4	____/____/____
☐ Dia 5	____/____/____
☐ Aplicação	____/____/____
☐ Oração	____/____/____

Semana 04

Reflexão

Tire um momento de pausa a cada dia da semana para meditar e refletir por meio das perguntas sugeridas. Use este espaço para anotar suas respostas.

Semana 04

Aplicação

O que você aprendeu com essa mulher da Bíblia e como pode aplicar esses ensinamentos em sua vida?

_____
_____
_____
_____
_____
_____
_____
_____
_____
_____
_____
_____
_____
_____
_____
_____
_____
_____
_____
_____
_____
_____
_____
_____
_____
_____
_____

Semana 04

Oração

Use este espaço para escrever sua oração.

Semana 05

DATA DA
SUA HISTÓRIA:
2010 a.C.

LOCALIZAÇÃO
EM QUE VIVEU
Região de Ur e Harã

Sobre Milca

FIDELIDADE · MATERNIDADE · HERANÇA

Milca era filha de Harã, irmão de Abraão, o que a faz sobrinha de Abraão. Ela se casou com Naor, outro irmão de Abraão, tornando-se assim tanto sobrinha quanto cunhada de Abraão. Ela é parte da linhagem que conecta Abraão e sua descendência.

Milca desempenha um papel significativo na narrativa patriarcal, pois por meio dela e de seu filho Bateuel, a linhagem de Abraão é conectada a Rebeca, que viria a se casar com Isaque, o filho da promessa. Rebeca, neta de Milca, se tornaria uma das matriarcas de Israel.

Milca viveu na época dos patriarcas, e seu casamento com Naor ajudou a fortalecer os laços dentro da família de Abraão, essencial para a continuidade da promessa de Deus para a descendência de Abraão. A importância de sua linhagem é reforçada pelo fato de que dela nasceu Rebeca, uma das figuras centrais na continuidade da aliança de Deus com Abraão, Isaque e Jacó.

O nome Milca em hebraico significa "rainha" ou "conselheira", refletindo uma possível posição de honra ou respeito dentro de sua família.

Embora o relato sobre Milca seja breve, sua importância é evidente na genealogia de Abraão e no papel que ela desempenha ao ser a avó de Rebeca, esposa de Isaque.

Milca foi raiz de uma promessa, cujo legado floresceu por meio de gerações, preparando o caminho para o cumprimento dos propósitos de Deus.

Sobre | Milca

Semana 05

Devoção
& Oração

LEITURA DA SEMANA
Gênesis 11:29
Gênesis 22:20-23

Milca, silenciosa e quase esquecida nas páginas da história, carrega em si o poder das raízes profundas. Sua vida não ecoa em grandes feitos ou atos heróicos que marcam as gerações, mas na simplicidade da continuidade, na paciência de quem preserva o que Deus lhe confiou. Esposa de Naor, ela traz no ventre uma promessa que ultrapassa sua própria existência – não apenas gera vida, mas sustenta gerações que ainda estão por vir. Seu papel, embora discreto, é vital no grande plano de Deus.

Ela é como o broto que surge em uma terra fértil, aparentemente pequena, mas com potencial para transformar. Em meio aos desafios de viver em uma terra estrangeira, longe da grandeza dos patriarcas mais conhecidos, Milca cuidou de sua família com diligência e fé. Sabia que o que ela plantava seria colhido por seus descendentes. Entre esses, sua neta Rebeca, que traria adiante a continuidade da aliança divina, tornando-se um elo essencial na linhagem de Israel.

Para nós, mulheres de hoje, Milca oferece uma lição valiosa. Nem sempre seremos chamadas para estar sob os holofotes, mas isso não diminui a importância do nosso papel. A verdadeira grandeza muitas vezes reside naquilo que não é visível – no cuidado diário, na perseverança silenciosa e na fé constante. Milca nos ensina que não importa onde estamos, ou qual seja o nosso cenário, somos chamadas para grandes propósitos. Nossa força está em cuidar do que nos foi confiado – seja na criação de nossos filhos, no sustento de nossas famílias, no desenvolvimento de nossos talentos ou na construção de nossos sonhos.

Ela nos convida a sermos guardiãs das promessas de Deus, a mantermos nossas raízes firmes, buscando a água viva que nutre nossas almas. Milca nos mostra que, mesmo nos gestos mais simples, Deus está presente, cumprindo Seu propósito de maneira muitas vezes imperceptível para nós, mas sempre poderosa.

Assim, como Milca, somos convidadas a viver com intencionalidade onde Deus nos coloca. Cada passo que damos, cada semente que plantamos nos campos da vida, tem o potencial de gerar frutos que vão impactar não só nossa geração, mas as que estão por vir. Que sejamos mulheres que cuidam e guardam, que perseveram e confiam, construindo com sabedoria e paciência um legado que transcenderá o tempo, refletindo a fidelidade de Deus por meio de nossas vidas e daqueles que virão depois de nós.

Semana 05

Pausa & Reflexão

Dia

01 Colossenses 3:23 diz: "E tudo quanto fizerdes, fazei-o de todo o coração, como ao Senhor, e não aos homens". Como posso honrar a missão que Deus me deu hoje, mesmo em minhas responsabilidades mais simples?

02 Assim como Milca foi parte de uma linhagem que trouxe bênçãos futuras, reflita sobre o legado espiritual que está deixando para seus filhos e as gerações que virão. Estou plantando sementes que ajudarão minhas futuras gerações a conhecer e seguir a Deus?

03 Como posso demonstrar paciência e confiança nos planos de Deus, mesmo quando não vejo resultados imediatos?

04 "Será como árvore plantada junto às águas, que estende suas raízes para o ribeiro; e não receia quando vem o calor, mas sua folha fica verde; no ano de sequidão não se perturba, nem deixa de dar fruto". — Jeremias 17:8. Estou cultivando minha fé para que ela permaneça firme, como raízes profundas em Deus?

05 A história de Milca mostra que nem sempre podemos ver o propósito maior, mas Deus está orquestrando tudo. Reflita sobre como você pode entregar suas incertezas e confiar no plano maior de Deus para sua vida.

Semana 05

Local

_____

(Preencha com o local de seu momento devocional)

Checklist

Atividade	Data
☐ Leitura	____/____/____
☐ Dia 1	____/____/____
☐ Dia 2	____/____/____
☐ Dia 3	____/____/____
☐ Dia 4	____/____/____
☐ Dia 5	____/____/____
☐ Aplicação	____/____/____
☐ Oração	____/____/____

Semana 05

Reflexão

Tire um momento de pausa a cada dia da semana para meditar e refletir por meio das perguntas sugeridas. Use este espaço para anotar suas respostas.

Reflexão | Milca

Semana 05

Aplicação

O que você aprendeu com essa mulher da Bíblia e como pode aplicar esses ensinamentos em sua vida?

Semana 05

Oração

Use este espaço para escrever sua oração.

Oração | Milca

Semana 06

DATA DA
SUA HISTÓRIA:
2006 a.C.

LOCALIZAÇÃO
EM QUE VIVEU
Região de Harã
e Canaã

Sobre Rebeca

HOSPITALIDADE · DETERMINAÇÃO · FÉ

Rebeca é escolhida como esposa de Isaque, filho de Abraão, após o servo de Abraão, Eliezer, encontrá-la junto a um poço em Harã.

Ela foi identificada como a futura esposa de Isaque por sua hospitalidade e generosidade.

Após aceitar o convite para se casar com Isaque, ela deixa sua família em Harã e viaja para Canaã. Rebeca deu à luz gêmeos, Esaú e Jacó. Sua preferência por Jacó e a subsequente ajuda para que ele obtivesse a bênção de primogenitura de Isaque são eventos importantes em sua vida.

Rebeca é uma figura de grande importância nas tradições judaica e cristã, sendo uma das quatro matriarcas (Sara, Rebeca, Raquel e Lia). Ela é lembrada por sua sabedoria, fé e papel crucial na formação da nação de Israel por meio de seus filhos.

A Bíblia não fornece detalhes específicos sobre a morte de Rebeca, mas ela é mencionada como sendo sepultada na Caverna de Macpela, o túmulo familiar em Hebrom.

Rebeca, com sua fé e coragem, viu o plano de Deus florescer em sua linhagem, mesmo em meio às imperfeições e desafios, revelando que a confiança no divino faz brotar promessas eternas.

Devoção & Oração

LEITURA DA SEMANA
Gênesis 24
Gênesis 25
Gênesis 27

A história de Rebeca é como um fio entrelaçado pela providência divina, revelando como Deus opera mesmo por meio de nossas fragilidades e escolhas humanas. Desde o momento em que, sem hesitar, ela aceitou o chamado para deixar sua terra e se unir a Isaque, Rebeca nos ensina sobre uma fé ousada e uma confiança inabalável no plano de Deus, mesmo quando o caminho à frente parecia desconhecido. Em Gênesis 24, somos lembradas da beleza que há em dizer "sim" ao chamado divino, deixando para trás o que é familiar para abraçar o que Deus preparou.

O nascimento de Esaú e Jacó é um testemunho de como os planos de Deus superam as convenções humanas. A profecia de que "o mais velho servirá ao mais novo" desafia expectativas e nos convida a descansar na sabedoria divina, que vê além do que nossos olhos podem alcançar. Rebeca, ao ouvir essa profecia, talvez tenha se sentido compelida a agir, e sua decisão de ajudar Jacó a enganar Isaque mostra a complexidade das relações familiares. Mesmo bem-intencionada, sua escolha trouxe bênçãos, mas também conflitos e dores.

Neste cenário de engano e consequências, vemos a tensão entre as intenções humanas e o tempo perfeito de Deus. A história de Rebeca nos chama a refletir sobre a integridade de nossas ações e a importância de esperar pelos movimentos divinos em Suas formas e tempos. No entanto, o mais belo dessa narrativa é que, mesmo em meio às falhas, Deus redime. Ele usa o entrelaçar de escolhas imperfeitas para tecer uma história de redenção, trazendo à luz uma linhagem que culminaria na chegada de Cristo, aquele que traria perdão e vida ao mundo.

Apesar das imperfeições de Rebeca, sua linhagem floresceu como um testemunho do amor incondicional de Deus. Sua história nos lembra de que, como mulheres, somos chamadas a confiar e obedecer, sabendo que Deus está soberanamente trabalhando em cada detalhe, usando até nossos erros para realizar Seu plano perfeito de amor e salvação.

Semana 06

Pausa & Reflexão

Dia

01 Como Rebeca demonstrou hospitalidade e generosidade ao oferecer água ao servo de Abraão e aos camelos?

02 Leia Provérbios 3:5-6 - "Confie no Senhor de todo o seu coração e não se apoie em seu próprio entendimento; reconheça o Senhor em todos os seus caminhos, e ele endireitará as suas veredas." Rebeca confiou no plano de Deus ao deixar sua terra natal para se casar com Isaque. Como podemos demonstrar a mesma confiança em nossas vidas?

03 Leia Tiago 1:5 - "Se algum de vocês tem falta de sabedoria, peça-a a Deus, que a todos dá livremente, de boa vontade; e lhe será concedida." Ao ajudar Jacó a receber a bênção de Isaque, Rebeca tomou uma decisão que trouxe consequências complexas. Como podemos buscar sabedoria divina em nossas decisões?

04 Como a fé de Rebeca ao aceitar o chamado para ser a esposa de Isaque nos inspira a confiar em Deus em momentos de incerteza?

05 Leia Tiago 2:1 - "Meus irmãos, como crentes em nosso glorioso Senhor Jesus Cristo, não façam diferença entre as pessoas, tratando-as com favoritismo." Rebeca mostrou uma clara preferência por Jacó. Como podemos evitar favoritismos e tratar as pessoas de forma justa e amorosa?

Semana 06

Local

_____
(Preencha com o local de seu momento devocional)

Checklist

Atividade	Data
☐ Leitura	____/____/____
☐ Dia 1	____/____/____
☐ Dia 2	____/____/____
☐ Dia 3	____/____/____
☐ Dia 4	____/____/____
☐ Dia 5	____/____/____
☐ Aplicação	____/____/____
☐ Oração	____/____/____

Semana 06

Reflexão

Tire um momento de pausa a cada dia da semana para meditar e refletir por meio das perguntas sugeridas. Use este espaço para anotar suas respostas.

Semana 06

Aplicação

O que você aprendeu com essa mulher da Bíblia e como pode aplicar esses ensinamentos em sua vida?

_____
_____
_____
_____
_____
_____
_____
_____
_____
_____
_____
_____
_____
_____
_____
_____
_____
_____
_____
_____
_____
_____
_____
_____
_____
_____
_____
_____
_____
_____

Semana 06

Oração

Use este espaço para escrever sua oração.

Semana 07

DATA DA SUA HISTÓRIA:
1906 a.C.

LOCALIZAÇÃO EM QUE VIVEU
Harã e Canaã

Sobre Lia

RESILIÊNCIA · FERTILIDADE · FÉ

Lia é a filha mais velha de Labão, irmã de Raquel. Lia foi dada em casamento a Jacó por seu pai, Labão, por meio de um engano. Jacó havia trabalhado sete anos para casar-se com Raquel, mas foi enganado por Labão, que lhe deu Lia em lugar de sua irmã mais nova. Posteriormente, Jacó também casou-se com Raquel, o que resultou em uma relação marcada por tensão e rivalidade entre as irmãs.

Lia teve seis filhos com Jacó: Rúben, Simeão, Levi, Judá, Issacar e Zebulom. Ela também teve uma filha chamada Diná. Esses filhos de Lia desempenharam papéis fundamentais na formação das doze tribos de Israel. Viveu em constante rivalidade com sua irmã Raquel, especialmente devido ao amor preferencial que Jacó tinha por Raquel. Apesar disso, Lia foi abençoada com muitos filhos, enquanto Raquel inicialmente foi estéril, o que gerou dor e conflito entre as irmãs.

Embora não amada por Jacó como Raquel, foi grandemente abençoada por Deus com muitos filhos. Ela é vista como uma mulher resiliente que, apesar de suas circunstâncias adversas, desempenhou um papel crucial na história de Israel. Seus filhos deram origem a várias das tribos de Israel, incluindo Levi, da qual vieram os sacerdotes, e Judá, de onde veio a linhagem real de Davi e, eventualmente, Jesus Cristo.

Lia faleceu antes de Jacó e foi sepultada na Caverna de Macpela, em Hebrom, onde também estavam enterrados Abraão e Sara, Isaque e Rebeca.

> *Lia, mesmo em meio à rejeição, encontrou em Deus a força para florescer, mostrando que o verdadeiro valor surge quando confiamos em Seu amor e propósito.*

Semana 07

Devoção
& Oração

LEITURA DA SEMANA
Gênesis 29
Gênesis 20

Lia, uma mulher que conheceu de perto a dor da rejeição e a ferida aberta da rivalidade, encontrou, no meio de suas lágrimas, um lugar de consolo nos braços de Deus. Embora Jacó preferisse sua irmã Raquel, foi a Lia que Deus agraciou com filhos, e a cada novo nascimento, ela buscava desesperadamente o amor e o reconhecimento que tanto desejava. No entanto, com o passar do tempo, sua alma começou a se render à verdade mais profunda: seu valor não estava na aceitação de um homem, mas no olhar atento e amoroso de Deus, que nunca a abandonou.

Em Gênesis 30, vemos as dinâmicas familiares entre Lia e Raquel, uma luta silenciosa marcada por rivalidades, ciúmes e competições. Mas no coração dessas batalhas, Lia foi lembrada de que o amor que realmente importa vem do céu. Não é o amor humano, falho e condicional, que define seu valor, mas o plano divino que Deus teceu sobre sua vida.

Assim como Lia, muitas vezes nos sentimos rejeitadas, invisíveis, buscando em amores e aprovações terrenas o que só Deus pode nos dar. Mas Ele nos vê, mesmo nas noites mais escuras. Ele nos ouve, quando nossos corações gritam silenciosamente. Ele entende nossas rejeições porque Cristo, também, conheceu a rejeição. E ainda assim, é Nele que encontramos nosso verdadeiro valor.

A história de Lia nos convida a refletir: onde estamos colocando nosso valor? Estamos, como Lia, buscando amor em fontes que nunca podem nos preencher? Lia nos ensina que é preciso redirecionar nossos anseios e confiar que Deus é aquele que nos sustenta. Que possamos descansar na certeza de que Ele vê além de nossas feridas e tem um propósito maior para nós, fazendo-nos florescer, trabalhando em cada detalhe para o nosso bem e para a Sua glória.

Semana 07

Pausa & Reflexão

Dia

01 Lia enfrentou a dor do rejeição, mas encontrou consolo em Deus. Como você lida com a rejeição em sua vida e onde busca conforto?

---

02 Lia buscou inicialmente o amor de Jacó, mas depois passou a buscar a aprovação de Deus. Onde você tem colocado suas prioridades e como pode realinhar seu foco para Deus?

---

03 Leia Salmo 139:1-2 - "Senhor, tu me sondas e me conheces. Sabes quando me sento e quando me levanto; de longe percebes os meus pensamentos." A história de Lia nos mostra que Deus vê e valoriza aqueles que são desprezados. Como você pode refletir esse cuidado e valorização nas suas interações com os outros?

---

04 Leia Romanos 12:18 - "Façam todo o possível para viver em paz com todos." Lia perseverou em meio à rivalidade com Raquel. Como você pode cultivar a paz e a unidade, mesmo em situações de conflito e comparação?

---

05 Lia encontrou seu valor em Deus, apesar de sua situação difícil. Como você pode firmar sua identidade em Cristo e não nas circunstâncias ou na opinião dos outros?

Semana 07

Local

_____
(Preencha com o local de seu momento devocional)

Checklist

	Atividade	Data
☐	Leitura	____/____/____
☐	Dia 1	____/____/____
☐	Dia 2	____/____/____
☐	Dia 3	____/____/____
☐	Dia 4	____/____/____
☐	Dia 5	____/____/____
☐	Aplicação	____/____/____
☐	Oração	____/____/____

Semana 07

Reflexão

Tire um momento de pausa a cada dia da semana para meditar e refletir por meio das perguntas sugeridas. Use este espaço para anotar suas respostas.

Semana 07

Aplicação

O que você aprendeu com essa mulher da Bíblia e como pode aplicar esses ensinamentos em sua vida?

Semana 07

Oração

Use este espaço para escrever sua oração.

Semana 08

DATA DA SUA HISTÓRIA:
1906 a.C.

LOCALIZAÇÃO EM QUE VIVEU
Harã e Canaã

Sobre Zilpa

RESILIÊNCIA · FIDELIDADE · FRUTIFICAÇÃO

Zilpa era serva de Lia, a primeira esposa de Jacó. Ela foi dada a Lia por Labão, pai de Lia, como parte de seu dote quando Lia se casou com Jacó. Seu status como serva a colocou em uma posição de obediência à sua senhora e à família de Jacó.

Zilpa teve um papel significativo na ampliação da descendência de Jacó. Quando Lia parou temporariamente de conceber filhos, ela deu sua serva Zilpa a Jacó como concubina, seguindo uma prática cultural da época em que as servas podiam gerar filhos para suas senhoras. Zilpa deu à luz dois filhos a Jacó: Gade e Aser. Esses filhos se tornaram os cabeças de duas das doze tribos de Israel, garantindo que Zilpa, embora não seja uma esposa oficial de Jacó, tenha um papel importante na história da formação do povo de Israel.

Zilpa, apesar de sua posição humilde como serva, foi fundamental para a formação das doze tribos de Israel. Seu papel na história bíblica mostra como Deus usou pessoas de diferentes status e circunstâncias para cumprir Seu plano para o povo de Israel.

Zilpa é uma figura que, apesar de ter sua história contada de maneira breve, desempenhou um papel importante na continuidade da promessa de Deus a Abraão, Isaque e Jacó. Seus filhos formaram duas tribos que contribuíram para o desenvolvimento da nação de Israel, e sua história é uma lembrança do valor que cada pessoa tem no plano divino, independentemente de seu status social.

Zilpa, mesmo em solo de servidão, floresceu ao gerar tribos que perpetuaram o legado de Israel, mostrando que Deus faz florescer a vida nos lugares mais inesperados.

Semana 08

Devoção
& Oração

LEITURA DA SEMANA
Gênesis 29:24
Gênesis 30:9-13
Gênesis 35:26
Gênesis 46:18

Zilpa, uma mulher de poucas palavras na narrativa bíblica, mas de grande impacto na história de um povo. Seu nome pode ser facilmente esquecido, mas sua presença silenciosa carrega a força da resiliência. Serva, mãe, e testemunha de um plano divino muito maior do que sua posição poderia sugerir. Em sua vida, vemos a beleza de quem floresce nos bastidores, sem aplausos, sem holofotes, mas com uma profunda certeza de que Deus está no controle de cada detalhe.

Ela foi dada como serva, mas sua história se entrelaçou à linhagem de Jacó, gerando filhos que seriam os pais de tribos inteiras. Zilpa nos ensina que, mesmo em uma posição humilde, a vida tem um propósito divino. Suas mãos, que talvez nunca seguraram o cetro de poder, sustentaram a promessa de um futuro. Ela nos lembra que a verdadeira grandeza não está nos títulos que carregamos, mas no legado que deixamos.

Zilpa é um convite à reflexão: como podemos abraçar o nosso papel, mesmo quando ele parece pequeno aos olhos do mundo? Zilpa nos chama a olhar para o que fazemos com um novo olhar, com uma nova esperança. Pois em cada pequeno ato de obediência, em cada gesto de amor, há sementes sendo plantadas para o futuro.

Assim como ela, somos convidadas a sermos mães de promessas, guardiãs de um legado que pode ultrapassar gerações. Que aprendamos com Zilpa a confiar em Deus, sabendo que o que parece pequeno pode ser o início de algo grandioso. Em seu silêncio, ela falou muito sobre força, fé e perseverança. Que sejamos mulheres que, mesmo nos papéis menos vistos, floresçam para a glória de Deus.

Semana 08

Pausa & Reflexão

Dia

01 Zilpa não escolheu ser serva, mas aceitou seu papel e foi parte da história de Israel. Reflita sobre como você pode encontrar paz em aceitar os caminhos que Deus escolheu para você.

02 Leia Mateus 5:3 e reflita: De que maneira posso contribuir para a vida daqueles ao meu redor, mesmo quando minha contribuição parece pequena?

03 Zilpa foi leal a Lia e fez o que lhe foi pedido, colaborando no crescimento da família de Jacó. Reflita sobre como sua disposição de apoiar outros pode ser parte do plano maior de Deus. Como posso apoiar aqueles que estão acima de mim, confiando que minha fidelidade em apoiar é parte do plano de Deus?

04 Estou enxergando como Deus pode usar até minhas dificuldades para gerar bênçãos para os outros?

05 "Lança o teu pão sobre as águas, porque depois de muitos dias o acharás." — Eclesiastes 11:1. Zilpa não viveu para ver o impacto completo de sua vida, mas suas ações ajudaram a formar uma nação. Como posso confiar que minha fidelidade agora terá um impacto duradouro, mesmo que eu não veja os resultados?

Semana 08

Local

_____

(Preencha com o local de seu momento devocional)

Checklist

	Atividade	Data
☐	Leitura	____/____/____
☐	Dia 1	____/____/____
☐	Dia 2	____/____/____
☐	Dia 3	____/____/____
☐	Dia 4	____/____/____
☐	Dia 5	____/____/____
☐	Aplicação	____/____/____
☐	Oração	____/____/____

Semana 08

Reflexão

Tire um momento de pausa a cada dia da semana para meditar e refletir por meio das perguntas sugeridas. Use este espaço para anotar suas respostas.

Semana 08

Aplicação

O que você aprendeu com essa mulher da Bíblia e como pode aplicar esses ensinamentos em sua vida?

_____
_____
_____
_____
_____
_____
_____
_____
_____
_____
_____
_____
_____
_____
_____
_____
_____
_____
_____
_____
_____
_____
_____
_____
_____
_____
_____
_____

Semana 08

Oração

Use este espaço para escrever sua oração.

Semana 09

DATA DA SUA HISTÓRIA:	LOCALIZAÇÃO EM QUE VIVEU
1906 a.C.	Harã e Canaã

Sobre Raquel

AMOROSA · RESILIENTE · MATRIARCA

Raquel é uma personagem significativa no Antigo Testamento da Bíblia. Ela é uma das matriarcas do povo de Israel, sendo a esposa preferida de Jacó e a mãe de José e Benjamim. Filha de Labão e a futura esposa de Jacó.

Jacó a conhece quando chega ao poço de Harã e se apaixona por ela imediatamente. Ele trabalha por sete anos para se casar com Raquel, mas é enganado por Labão, que lhe dá sua filha mais velha, Lia. Jacó então trabalha mais sete anos para se casar com Raquel.

Raquel inicialmente é estéril, o que a leva a dar sua serva, Bila, a Jacó como concubina para que ela possa ter filhos por meio dela. Mais tarde, Deus se lembra de Raquel e ela dá à luz José, seu primeiro filho biológico.

Ela é uma das quatro matriarcas do povo de Israel (ao lado de Sara, Rebeca e Lia), e sua vida é central na formação das tribos de Israel, especialmente por ser mãe de José, que se torna uma figura chave no Egito.

Sua história é uma narrativa de amor, devoção e sacrifício, refletindo as lutas pessoais e espirituais que fazem parte do plano de Deus para seu povo. Raquel simboliza o sofrimento e a esperança na tradição judaica e cristã, sendo uma figura de compaixão e intercessão.

Raquel morre ao dar à luz seu segundo filho, Benjamim, e é enterrada em Efrata (Belém). Seu túmulo é mencionado em vários outros lugares na Bíblia, indicando sua importância contínua na tradição israelita.

> *Raquel, em meio à dor e à espera, encontrou em Deus a força para florescer, transformando sua angústia em uma promessa cumprida e sua história em um legado de fé.*

Semana 09

Devoção
& Oração

> **LEITURA DA SEMANA**
> Gênesis 29:1-30
> Gênesis 30:1-24
> Gênesis 35:16-20

A passagem de Gênesis 29:1-30 nos conduz à história de um amor à primeira vista, onde Jacó se apaixona perdidamente por Raquel, sua amada. Ele se compromete a trabalhar sete longos anos por ela, mas o destino o trai, e ele se vê casado com Lia, a irmã mais velha. Ainda assim, Jacó, fiel ao seu amor por Raquel, persevera e trabalha mais sete anos para finalmente tê-la ao seu lado. Essa narrativa nos lembra que, muitas vezes, o caminho para as promessas de Deus é entrelaçado com desafios e desvios inesperados. Assim como Jacó não desistiu, somos convidadas a manter nosso foco firme, confiar no tempo divino e acreditar que o amor genuíno, a paciência e a fé nos sustentam em meio às provações.

Já em Gênesis 30:1-24, somos envolvidas pela dor de Raquel, que enfrenta a esterilidade e o desejo ardente de ser mãe. No silêncio de suas noites solitárias, Raquel entrega sua serva Bila a Jacó, na tentativa desesperada de preencher o vazio em seu coração. Sua luta ecoa as batalhas silenciosas que muitas de nós enfrentamos, aquelas que parecem intermináveis e nos levam à beira do desespero. Mas Deus, em sua bondade, ouviu as orações de Raquel e, no tempo certo, ela deu à luz José, trazendo luz e alegria à sua vida. Essa história nos lembra que, mesmo em nossas dores mais profundas, Deus vê. Ele ouve nossos clamores e, quando o tempo dEle chega, as promessas frutificam, transformando lágrimas em risos.

Por fim, em Gênesis 35:16-20, encontramos o capítulo final de Raquel, onde sua luta pela maternidade culmina com o nascimento de Benjamim. No entanto, a felicidade vem entrelaçada com a tragédia, pois Raquel, em meio à dor do parto, dá seu último suspiro. Ela nomeia seu filho de Benoni, "filho da minha dor", mas Jacó, em um ato de fé, renomeia-o Benjamim, "filho da bênção". Essa passagem nos confronta com a verdade crua da vida: dor e alegria muitas vezes caminham de mãos dadas. E ainda assim, há algo mais profundo – uma força que nos permite transformar a dor em propósito. Assim como Jacó renomeou seu filho, também somos chamadas a olhar para nossas dores com novos olhos, enxergando nelas o potencial de bênção e esperança. A vida de Raquel nos ensina que, mesmo nos momentos mais trágicos, a fé pode nos guiar e nos dar forças para florescer em meio à adversidade.

Semana 09

Pausa & Reflexão

Dia

01 Como você lida com os desejos não realizados? Raquel enfrentou a dor da esterilidade por muitos anos. Em Romanos 8:25, lemos: "Mas, se esperamos o que não vemos, com paciência o aguardamos". Como essa verdade pode te ajudar a lidar com os seus próprios desejos não realizados?

02 Raquel inicialmente tentou resolver sua esterilidade por meios humanos ao dar sua serva Bila a Jacó. Em contraste, Filipenses 4:6 nos encoraja: "Não andem ansiosos por coisa alguma, mas em tudo, pela oração e súplicas, e com ação de graças, apresentem seus pedidos a Deus". Como você pode aplicar essa instrução em situações de espera?

03 Como você encontra esperança nas promessas de Deus?

04 Como você lida com os momentos de dor profunda? Raquel experimentou grande dor ao dar à luz Benjamim, chamando-o de "filho da minha dor". 2 Coríntios 1:3-4 nos lembra que Deus é "o Pai das misericórdias e o Deus de toda consolação". Como essa consolação pode te ajudar a enfrentar seus próprios momentos de dor?

05 Como você pode transformar sua dor em um legado positivo? Jacó transformou o nome de Benoni (filho da minha dor) em Benjamim (filho da bênção). Em Romanos 8:28, Paulo afirma: "Sabemos que Deus age em todas as coisas para o bem daqueles que o amam". Como você pode permitir que Deus transforme sua dor em algo que traga bem e esperança para outros?

Pausa & Reflexão | Raquel

Semana 09

Local

(Preencha com o local de seu momento devocional)

Checklist

	Atividade	Data
☐	Leitura	____/____/____
☐	Dia 1	____/____/____
☐	Dia 2	____/____/____
☐	Dia 3	____/____/____
☐	Dia 4	____/____/____
☐	Dia 5	____/____/____
☐	Aplicação	____/____/____
☐	Oração	____/____/____

Semana 09

Reflexão

Tire um momento de pausa a cada dia da semana para meditar e refletir por meio das perguntas sugeridas. Use este espaço para anotar suas respostas.

Semana 09

Aplicação

O que você aprendeu com essa mulher da Bíblia e como pode aplicar esses ensinamentos em sua vida?

_____
_____
_____
_____
_____
_____
_____
_____
_____
_____
_____
_____
_____
_____
_____
_____
_____
_____
_____
_____
_____
_____
_____
_____
_____
_____
_____
_____
_____

Semana 09

Oração

Use este espaço para escrever sua oração.

Semana 10

DATA DA SUA HISTÓRIA:
1900 a.C.

LOCALIZAÇÃO EM QUE VIVEU
Canaã e Siquém

Sobre Dina

INOCENTE · SILENCIADA · VÍTIMA

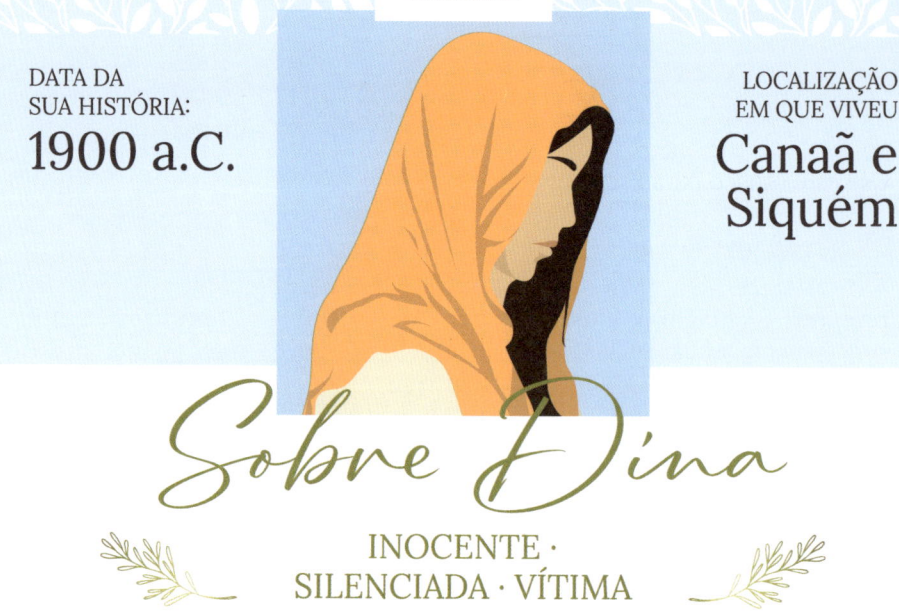

Dina é mencionada pela primeira vez como a filha de Jacó e Lia. Ela é a irmã de seis irmãos: Rúben, Simeão, Levi, Judá, Issacar e Zebulom. A história de Dina é uma narrativa de injustiça pessoal e resposta violenta por parte de seus irmãos. Simeão e Levi agem com zelo, mas de maneira implacável, o que levanta questões sobre justiça, vingança e as consequências das ações humanas.

A própria Dina não fala nem age durante a narrativa; sua experiência e dor são representadas por seus irmãos. Isso destaca o silêncio e a vulnerabilidade de muitas mulheres nas Escrituras, levantando questões sobre o tratamento e a dignidade das mulheres.

A resposta dos irmãos de Dina foi motivada por uma preocupação com a honra familiar, um tema recorrente no Antigo Testamento, onde a honra da família muitas vezes ditava ações radicais. As ações de Simeão e Levi tiveram consequências para suas próprias tribos no futuro, afetando sua herança e reputação entre os filhos de Jacó.

A história de Dina é uma das narrativas mais sombrias do livro de Gênesis e levanta questões profundas sobre moralidade, justiça e o papel das mulheres na sociedade bíblica.

Dina, apesar de silenciada e ferida, carrega em sua história a força para florescer, lembrando que, até nas mais profundas dores, a vida pode brotar com esperança e dignidade.

Semana 10

Devoção & Oração

> **LEITURA DA SEMANA**
> *Gênesis 34*

A história de Dina, filha de Jacó e Lia, é uma narrativa marcada por dor profunda e silenciosa. Violentada por Siquém, o filho do príncipe Hamor, sua tragédia ecoa as histórias de tantas mulheres que, ao longo dos tempos, enfrentaram abusos e violência. Mas sua dor não termina aí. Seus irmãos, Simeão e Levi, movidos por um desejo feroz de vingar sua honra, transformam a experiência de Dina em um pretexto para uma vingança brutal. Sob a máscara da mentira, eles convencem os homens de Siquém a se circuncidarem, apenas para, em seguida, os massacrarem sem piedade.

Essa história nos fala de violência e honra, mas também nos leva a questionar as escolhas que fazemos em nome da justiça. Dina, vítima de uma violência inimaginável, torna-se também vítima do uso de sua dor como arma em uma guerra de orgulho familiar. Simeão e Levi, em seu zelo pela dignidade de sua irmã, mergulham em um ato de retaliação que gera ainda mais destruição e sofrimento, mostrando que, muitas vezes, a vingança cria feridas mais profundas do que a justiça.

A narrativa de Dina nos convida a refletir: como respondemos ao sofrimento e à injustiça? Será que, em nosso desejo de corrigir erros, não acabamos criando mais caos? A verdadeira justiça divina não nasce da ira, mas da compaixão, sabedoria e o desejo de restaurar o que foi quebrado, não de destruir.

O silêncio de Dina na história é gritante. Ela não tem voz, não tem fala, enquanto outros decidem e agem por ela. Quantas vezes, em nossa própria sociedade, as vozes das vítimas são silenciadas, deixadas à margem enquanto outros falam e agem em seu lugar? A história de Dina nos desafia a sermos mulheres que não apenas falam por justiça, mas que também ouvem e elevam as vozes das oprimidas. Que nossa busca por justiça permita que a cura, a restauração e a esperança floresçam, e não mais a dor e a destruição.

Semana 10

Pausa & Reflexão

Dia 01 — Como você reage diante da injustiça? A história de Dina destaca uma injustiça grave cometida contra ela. Em Miqueias 6:8, somos chamados a "praticar a justiça, amar a misericórdia e andar humildemente com o seu Deus". Como você pode aplicar esse chamado em situações de injustiça que você testemunha ou enfrenta?

---

02 — Como você pode ser uma voz de apoio e defesa para aqueles que não podem falar por si mesmos?

---

03 — A reação dos irmãos de Dina trouxe mais violência e conflito. Em Mateus 5:9, Jesus diz: "Bem-aventurados os pacificadores, porque eles serão chamados filhos de Deus". Como você pode ser um pacificador em situações de conflito?

---

04 — Como você lida com as consequências de suas ações? Quais ações você pode reavaliar para evitar consequências negativas no futuro?

---

05 — Como a história de Dina nos ensina sobre o valor da dignidade humana? A violência contra Dina foi um ataque à sua dignidade como pessoa. Como você pode afirmar e proteger a dignidade dos outros, especialmente daqueles que foram feridos ou marginalizados?

Semana 10

Local

(Preencha com o local de seu momento devocional)

Checklist

	Atividade	Data
☐	Leitura	____/____/____
☐	Dia 1	____/____/____
☐	Dia 2	____/____/____
☐	Dia 3	____/____/____
☐	Dia 4	____/____/____
☐	Dia 5	____/____/____
☐	Aplicação	____/____/____
☐	Oração	____/____/____

Local & Checklist | Dina

Semana 10

Reflexão

Tire um momento de pausa a cada dia da semana para meditar e refletir por meio das perguntas sugeridas. Use este espaço para anotar suas respostas.

Semana 10

Aplicação

O que você aprendeu com essa mulher da Bíblia e como pode aplicar esses ensinamentos em sua vida?

Semana 10

Oração

Use este espaço para escrever sua oração.

Semana 11

DATA DA
SUA HISTÓRIA:
1898 a.C.

LOCALIZAÇÃO
EM QUE VIVEU
Adulão e Enaim

Sobre Tamar
DETERMINAÇÃO · CORAGEM · JUSTIÇA

Golpe após golpe. Tragédia após tragédia. Se nos colocássemos no lugar de Tamar, poderíamos ser tentados a desistir. Tamar é uma personagem fascinante e complexa da Bíblia, com uma história cheia de reviravoltas.

Tamar era nora de Judá, um dos doze filhos de Jacó (Israel). Ela se casou inicialmente com Er, o primogênito de Judá. Após a morte de Er, ela foi dada em casamento a Onã, conforme a prática do levirato, uma lei que mandava o irmão de um homem falecido casar-se com a viúva para dar continuidade à linhagem do falecido.

O levirato era uma prática comum na cultura semítica, onde era responsabilidade dos irmãos de um homem sem filhos garantir que seu nome e herança continuassem. Isso é central para a história de Tamar, já que ela reivindicava o cumprimento dessa tradição.

Tamar é frequentemente vista como uma figura que luta por justiça em um contexto onde as leis e promessas não foram cumpridas. Sua história mostra como, mesmo em situações adversas, a justiça e a continuidade da promessa divina podem prevalecer. A história de Tamar é um dos exemplos na Bíblia onde uma mulher desempenha um papel crucial na narrativa da aliança de Deus com seu povo. Sua coragem e determinação garantem que a linha de Judá continue, um tema central na teologia bíblica.

No judaísmo, Tamar é vista como uma heroína que, apesar das circunstâncias difíceis, agiu de maneira a garantir a continuidade da linhagem de Judá. Ela é respveitada por sua sabedoria e habilidade em enfrentar as injustiças de seu tempo.

No cristianismo, Tamar é frequentemente mencionada em sermões e estudos bíblicos como um exemplo de fé e determinação. Sua inclusão na genealogia de Jesus em Mateus 1:3 destaca a importância de sua história na narrativa da salvação.

A história de Tamar é rica em detalhes e cheia de lições morais e teológicas, tornando-a uma das personagens mais intrigantes e importantes da Bíblia.

Tamar, em meio à injustiça e abandono, floresceu com coragem e sabedoria, reivindicando seu lugar na história e mostrando que a justiça de Deus pode brotar nos terrenos mais difíceis.

Devoção & Oração

LEITURA DA SEMANA
Gênesis 38

A história de Tamar, narrada em Gênesis 38, é um retrato poético de coragem, determinação e busca por justiça em meio à adversidade. Abandonada e negligenciada por Judá e seus filhos, Tamar não se deixou ser esquecida. Em vez disso, com sabedoria e ousadia, ela tomou seu destino nas mãos, garantindo seu lugar na linhagem de Judá – algo profundamente valioso e essencial naquela cultura e tradição.

Tamar nos ensina que, mesmo quando nos encontramos à margem, injustiçadas ou ignoradas, há dentro de nós uma força que nos permite agir com coragem e sabedoria para reivindicar o que é justo. Sua história é uma lembrança poderosa de que, mesmo quando aqueles ao nosso redor falham em cumprir suas promessas, podemos nos mover com integridade e fé para alcançar o que nos pertence de direito.

Em nossas próprias jornadas, muitas vezes enfrentamos momentos de abandono e desvalorização. Assim como Tamar, somos desafiadas a agir com criatividade e firmeza, corrigindo as injustiças de forma sábia, mesmo quando o caminho é difícil. É preciso coragem para agir, mas também para reconhecer quando erramos. Judá, ao perceber que Tamar foi mais justa do que ele, admitiu seu erro e mudou sua postura. Esse gesto nos ensina o valor da humildade e a necessidade de nos reconciliarmos com aqueles a quem falhamos.

A história de Tamar nos lembra que Deus é capaz de transformar as situações mais complexas em algo grandioso. Mesmo diante da rejeição e do esquecimento, Tamar floresceu ao encontrar seu lugar na linhagem que levaria ao Messias. Ela nos encoraja a confiar que Deus, em Sua sabedoria, pode redimir qualquer dor ou circunstância, trazendo à luz Seus propósitos em nossas vidas.

Semana 11

Pausa & Reflexão

Dia

01 Já houve momentos em que você sentiu que precisava confiar na justiça de Deus, mesmo quando os outros falharam em ser justos com você? Como isso impactou sua fé?

02 Houve situações em que você teve que lidar com a decepção de promessas quebradas? Como você encontrou forças para seguir em frente ou buscar uma solução?

03 Em Tiago 5:16, diz: "Confessai as vossas culpas uns aos outros, e orai uns pelos outros, para que sareis". O que significa para você reconhecer seus erros e buscar reconciliação?

04 Em 2 Coríntios 1:20, diz: "Porque todas quantas promessas há de Deus, são nele sim, e por ele o Amém". Existe alguma promessa de Deus que você sente que ainda não se realizou? Como você continua a confiar e esperar no Senhor?

05 Em Josué 1:9, diz: "Seja forte e corajoso; não temas, nem te espantes, porque o Senhor teu Deus é contigo por onde quer que andares". Pense em um momento em que você precisou tomar uma decisão corajosa. Como você encontrou a sabedoria necessária para agir, e qual foi o resultado?

Semana 11

Local

_____

(Preencha com o local de seu momento devocional)

Checklist

	Atividade	Data
☐	Leitura	____/____/____
☐	Dia 1	____/____/____
☐	Dia 2	____/____/____
☐	Dia 3	____/____/____
☐	Dia 4	____/____/____
☐	Dia 5	____/____/____
☐	Aplicação	____/____/____
☐	Oração	____/____/____

Semana 11

Reflexão

Tire um momento de pausa a cada dia da semana para meditar e refletir por meio das perguntas sugeridas. Use este espaço para anotar suas respostas.

Reflexão | Tamar

Semana 11

Aplicação

O que você aprendeu com essa mulher da Bíblia e como pode aplicar esses ensinamentos em sua vida?

Semana 11

Oração

Use este espaço para escrever sua oração.

Semana 12

DATA DA SUA HISTÓRIA:
1700 a.C.

LOCALIZAÇÃO EM QUE VIVEU
Egito

Sobre Asenate

NOBREZA · INTEGRAÇÃO · ALIANÇA

Asenate, ou Asenath, é uma personagem bíblica mencionada no livro de Gênesis. Ela é conhecida por ser a esposa de José, o filho de Jacó, e a mãe de seus dois filhos, Manassés e Efraim.

Asenate era egípcia, filha de Potífera, sacerdote de Om (também conhecido como Heliópolis). Seu casamento com José, um hebreu, pode ser visto como uma aliança importante, unindo José à classe sacerdotal egípcia e garantindo sua integração na sociedade egípcia.

Asenate é a mãe de Manassés e Efraim, que se tornaram fundadores de duas das tribos de Israel. Essas tribos tiveram papel significativo na história e geografia de Israel, com Efraim se destacando como uma das tribos líderes.

Asenate, embora mencionada brevemente na Bíblia, desempenha um papel crucial na narrativa de José e na continuidade da linhagem de Israel. Sua história ressoa com temas de aliança, interculturalidade e fé, sendo uma figura interessante para estudos mais aprofundados dentro da teologia bíblica.

> *Asenate floresceu em uma terra estrangeira, transformando sua história em um testemunho de união e propósito, revelando que Deus faz brotar vida e bênção onde menos se espera.*

Semana 12

Devoção & Oração

LEITURA DA SEMANA
Gênesis 41:45-57

A história de Asenate nos convida a uma dança delicada de fé, transformação e novos começos. José, elevado à posição de segundo em comando no Egito, brilha com sabedoria e coragem, guiando uma nação inteira por anos de abundância e fome. Seu casamento com Asenate, filha de Potífera, sacerdote de Om, simboliza mais do que uma união; é o entrelaçar de dois mundos, uma mistura de culturas que nos desafia a enxergar além das barreiras que muitas vezes nos separam.

Embora o papel de Asenate na narrativa seja silencioso, sua presença carrega um peso profundo. A mulher que veio de fora, estrangeira na terra de Israel, foi acolhida e integrada à família de José. Pelo seu casamento, Asenate foi trazida para a história do Deus de Israel, lembrando-nos que Deus pode quebrar qualquer barreira cultural ou social para cumprir Seus planos. Em uma sociedade que tantas vezes ergue muros, a história de Asenate é uma poesia de acolhimento e integração, uma lembrança de que Deus vê o potencial em cada uma de nós, independentemente de onde viemos.

Ela, esposa de José e mãe de Manassés e Efraim, nos ensina que nem toda contribuição precisa ser visível para ser grandiosa. No silêncio de sua história, Asenate cumpriu seu papel com fidelidade e responsabilidade, criando filhos que se tornariam líderes de tribos importantes de Israel. Seus filhos, cujos nomes carregam as marcas de gratidão de José — Manassés, "Deus me fez esquecer o sofrimento", e Efraim, "Deus me fez prosperar na terra da minha aflição" — refletem a beleza de uma nova vida, nascida em meio às cicatrizes do passado.

A história de Asenate nos desafia a enxergar o poder da transformação. Ela, que começou fora da linhagem de Israel, tornou-se parte da bênção divina. Sua vida nos inspira a reconhecer que Deus nos usa, independentemente de nossa origem, para cumprir Seus propósitos maiores. Que possamos, como Asenate, buscar a transformação, acolher o novo, e deixar um legado de fé e união que floresça para a glória de Deus.

Semana 12

Pausa & Reflexão

Dia

01 Assim como Asenate foi integrada à família de José, como você acolhe e integra pessoas de diferentes contextos em sua vida, trabalho ou igreja?

02 Em 2 Coríntios 5:17, diz: "Portanto, se alguém está em Cristo, nova criatura é; as coisas velhas já passaram; eis que tudo se fez novo". Quais são as áreas da sua vida que precisam de um novo começo ou transformação?

03 Asenate desempenhou seu papel sem grande visibilidade. Como você pode ser fiel e dedicado em suas responsabilidades diárias, mesmo quando não são reconhecidas?

04 "Ensina a criança no caminho em que deve andar, e ainda quando for velho não se desviará dele" (Provérbios 22:6). Asenate foi mãe de Manassés e Efraim, que se tornaram líderes de tribos importantes. Como suas ações hoje podem impactar positivamente as gerações futuras?

05 Asenate teve que confiar em um futuro incerto ao se casar com José. Como você pode confiar mais em Deus para guiar os passos de sua vida?

Semana 12

Local

_____

(Preencha com o local de seu momento devocional)

Checklist

Atividade	Data
☐ Leitura	____/____/____
☐ Dia 1	____/____/____
☐ Dia 2	____/____/____
☐ Dia 3	____/____/____
☐ Dia 4	____/____/____
☐ Dia 5	____/____/____
☐ Aplicação	____/____/____
☐ Oração	____/____/____

Local & Checklist | Asenate

Semana 12

Reflexão

Tire um momento de pausa a cada dia da semana para meditar e refletir por meio das perguntas sugeridas. Use este espaço para anotar suas respostas.

Semana 12

Aplicação

O que você aprendeu com essa mulher da Bíblia e como pode aplicar esses ensinamentos em sua vida?

_____
_____
_____
_____
_____
_____
_____
_____
_____
_____
_____
_____
_____
_____
_____
_____
_____
_____
_____
_____
_____
_____
_____
_____
_____
_____
_____
_____
_____

Semana 12

Oração

Use este espaço para escrever sua oração.

Semana 13

DATA DA
SUA HISTÓRIA:
1600 a.C.

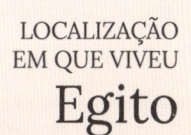

LOCALIZAÇÃO
EM QUE VIVEU
Egito

Sobre Sifrá e Puá

CORAGEM · FIDELIDADE · PROTEÇÃO

Sifrá e Puá são duas personagens bíblicas mencionadas no livro de Êxodo. Elas são parteiras hebreias que desempenharam um papel crucial na proteção dos recém-nascidos israelitas durante o tempo de escravidão no Egito.

Como parteiras, Sifrá e Puá desempenhavam um papel vital na sociedade, ajudando as mulheres hebreias a dar à luz. Sua função era crucial, especialmente em uma época em que o nascimento de uma criança era um evento de alto risco. Elas viveram durante o período em que os israelitas estavam escravizados no Egito. O Faraó, preocupado com o crescimento da população hebreia, ordenou que todas as crianças do sexo masculino fossem mortas ao nascer para enfraquecer o povo de Israel.

Sifrá e Puá são elogiadas nas Escrituras por temerem a Deus mais do que ao Faraó. Elas arriscaram suas vidas ao desobedecer a ordem do Faraó para salvar os recém-nascidos. Esse ato de fé e coragem é central em sua história. Mesmo com menções breves, suas ações deixam um legado de resistência, proteção da vida e fidelidade a Deus, servindo como exemplo para todas as gerações.

O ato de coragem de Sifrá e Puá contribuiu diretamente para a continuidade do povo de Israel, culminando na eventual libertação do Egito e na formação da nação de Israel.

Sifrá e Puá, com coragem e fé, escolheram o temor a Deus, permitindo que a vida florescesse em meio à opressão e garantindo um futuro de libertação para Seu povo.

Semana 13

Devoção
& Oração

LEITURA DA SEMANA
Êxodo 1:15-21

Sifrá e Puá nos oferecem uma lição de fé que floresce no meio da opressão, onde o medo e a coragem se entrelaçam em uma escolha divina. Diante da ordem implacável do Faraó, o homem mais poderoso de sua época, essas duas mulheres escolheram não se dobrar ao temor humano, mas sim ao temor de Deus. Com um coração corajoso, elas decidiram proteger as vidas dos recém-nascidos, mostrando que, em meio às sombras de decisões difíceis, a luz dos valores divinos deve sempre prevalecer.

Em nossas próprias jornadas, muitas vezes somos desafiadas a fazer escolhas que não são populares ou seguras, mas que refletem o coração de Deus. Sifrá e Puá, mesmo em sua simplicidade, entenderam que o chamado de Deus para proteger os mais vulneráveis, especialmente as crianças, era maior do que qualquer ordem humana. Elas não apenas salvaram vidas, mas garantiram que a nação de Israel continuasse, permitindo que Moisés nascesse e, um dia, liderasse o povo à libertação.

O ato de fidelidade dessas mulheres não passou despercebido aos olhos de Deus. Ele, em Sua bondade, abençoou as parteiras e fez prosperar suas famílias (Êxodo 1:20-21). Essa bênção é um testemunho do cuidado divino por aqueles que escolhem obedecer, mesmo em meio a adversidades. Sifrá e Puá nos ensinam que, quando somos fiéis a Deus, mesmo ao custo de grandes riscos, Ele nos sustenta e recompensa com Sua graça.

A coragem de Sifrá e Puá ecoa por gerações, nos inspirando a ser mulheres que, em meio à opressão e à injustiça, escolhem a vida, a integridade e a fé. Suas ações abriram o caminho para que a libertação de Israel fosse possível, e nos lembram de que cada escolha em obediência a Deus tem um impacto eterno. Que possamos seguir o exemplo delas, vivendo com coragem, protegendo os vulneráveis e confiando que, em cada passo de obediência, a graça divina se manifesta em nós e através de nós.

Semana 13

Pausa & Reflexão

Dia

01 "Mais importa obedecer a Deus do que aos homens" (Atos 5:29). Assim como Sifrá e Puá escolheram obedecer a Deus, mesmo sob risco de vida, como você lida com situações em que obedecer a Deus entra em conflito com as expectativas humanas?

02 "O temor do Senhor é o princípio da sabedoria" (Provérbios 9:10). O temor a Deus motivou Sifrá e Puá a agir com coragem. De que maneiras o temor a Deus pode guiar suas escolhas e ações diárias?

03 Deus recompensou Sifrá e Puá por sua fidelidade. Como essa verdade lhe dá coragem para ser fiel em situações difíceis?

04 As ações de Sifrá e Puá permitiram que Moisés, o libertador de Israel, sobrevivesse. Como você pode garantir que suas escolhas hoje deixem um legado positivo para as próximas gerações?

05 "Não vos conformeis com este mundo, mas transformai-vos pela renovação do vosso entendimento" (Romanos 12:2). Como você pode resistir à pressão de se conformar com normas culturais ou sociais que estão em desacordo com os princípios de Deus?

Semana 13

Local

_____

(Preencha com o local de seu momento devocional)

Checklist

	Atividade	Data
☐	Leitura	____/____/____
☐	Dia 1	____/____/____
☐	Dia 2	____/____/____
☐	Dia 3	____/____/____
☐	Dia 4	____/____/____
☐	Dia 5	____/____/____
☐	Aplicação	____/____/____
☐	Oração	____/____/____

Semana 13

Reflexão

Tire um momento de pausa a cada dia da semana para meditar e refletir por meio das perguntas sugeridas. Use este espaço para anotar suas respostas.

Semana 13

Aplicação

O que você aprendeu com essa mulher da Bíblia e como pode aplicar esses ensinamentos em sua vida?

_____
_____
_____
_____
_____
_____
_____
_____
_____
_____
_____
_____
_____
_____
_____
_____
_____
_____
_____
_____
_____
_____
_____
_____
_____
_____
_____
_____

Semana 13

Oração

Use este espaço para escrever sua oração.

Semana 14

DATA DA SUA HISTÓRIA:
2067 a.C.

LOCALIZAÇÃO EM QUE VIVEU
Sodoma

Sobre Joquebede

CORAGEM · PROTEÇÃO MATERNAL · DURADOURO

Joquebede é uma figura importante na Bíblia por ser a mãe de Moisés, Arão e Miriã. Ela é destacada por sua coragem e fé ao esconder Moisés durante um período em que o faraó ordenou a morte de todos os meninos hebreus recém-nascidos. Ela protegeu Moisés por três meses e, quando não pôde mais escondê-lo, colocou-o em um cesto no rio Nilo, confiando em Deus para protegê-lo. Este ato de fé levou Moisés a ser encontrado pela filha do faraó e criado como seu próprio filho, permitindo que ele crescesse e se tornasse o libertador dos israelitas do Egito.

Joquebede era uma mulher hebraica — uma levita, para ser exato — o que significa que ela veio da linhagem de Jacó. O povo hebreu, também chamado de israelitas, foi escravizado pelo faraó e forçado a suportar o fardo do trabalho pesado sob o calor do sol egípcio.

Por meio da coragem de Joquebede e pela graça de Deus, Moisés foi salvo. Deus não apenas preservou a vida de Moisés, mas também trabalhou por intermédio dele para libertar os judeus da escravidão, apontando para a salvação futura que Ele proveria por meio de Cristo. Enquanto Deus poupou o filho de Joquebede, Ele não fez o mesmo com Seu próprio Filho. No entanto, por meio da morte e ressurreição de Cristo, todos nós podemos ser resgatados da morte espiritual. A história de Joquebede destaca a soberania de Deus em trazer a salvação.

Além disso, a história de Joquebede ilustra como Deus opera por meio da coragem humana. Mesmo diante de situações graves e assustadoras, podemos confiar no Senhor. Somos chamados a ser corajosos, independentemente das circunstâncias, pois Deus realizará Seus planos por meio de nós.

> *Joquebede, em meio à adversidade, plantou sua fé nas águas da incerteza, permitindo que a vida florescesse e moldasse o futuro de uma nação.*

Semana 14

Devoção & Oração

LEITURA DA SEMANA
Êxodo 2:1-10

A história de Joquebede é uma história de fé e coragem, florescendo no coração de uma mãe em meio ao desespero. Quando as águas da incerteza a cercaram, ela, em um gesto silencioso de confiança, colocou seu filho em um cesto e o lançou ao cuidado de Deus. E ali, nas margens do Nilo, onde tudo parecia perdido, a providência divina se manifestou. A filha do faraó encontrou Moisés e o tomou como seu, sem saber que aquele bebê, resgatado pela fé de sua mãe, seria o libertador de uma nação inteira.

Joquebede nos ensina a confiar em Deus quando o chão sob nossos pés parece desmoronar. Sua história é um chamado para nós, mulheres, a encontrarmos força mesmo em momentos de medo, lembrando que Deus pode transformar as circunstâncias mais insuportáveis em oportunidades de redenção. Como Joquebede, somos desafiadas a acreditar que cada ato de fé, por mais simples e silencioso que seja, pode fazer parte de um plano divino muito maior do que podemos imaginar.

Embora seu nome não ecoe com frequência nas páginas da Bíblia, o impacto de sua fé ressoa por meio de gerações. Moisés e Arão, filhos de Joquebede, se levantaram como líderes que mudaram o curso da história de Israel. Isso nos lembra que nossas ações diárias, muitas vezes invisíveis, podem estar preparando o caminho para algo grandioso. Joquebede, com sua fé silenciosa e obediência inabalável, preparou um ambiente para que seus filhos pudessem cumprir seus chamados.

Sua vida, simples e cheia de desafios, nos encoraja a lembrar que Deus usa os corações comuns para realizar propósitos extraordinários. Joquebede e Anrão, vivendo em tempos difíceis, nos mostram que, independentemente de onde viemos ou das tempestades que enfrentamos, Deus pode usar nossas vidas para escrever histórias que impactam o futuro. Ela nos desafia a considerar o legado de fé que estamos construindo, acreditando que até nas mãos mais simples, o divino pode operar milagres.

Semana 14

Pausa & Reflexão

Dia

01 O que significa para você confiar em Deus em situações aparentemente impossíveis? Você já passou por um momento em que teve que confiar totalmente em Deus? Como foi?

---

02 Pense na coragem de Joquebede ao colocar Moisés no cesto, semelhante à coragem de Ester ao se aproximar do rei. O que ambas as histórias (Êxodo 2:1-10 e Ester 4:16) ensinam sobre confiar em Deus em momentos de grande risco?

---

03 Imagine-se nessa passagem. Você é Joquebede? Você é um espectador invisível assistindo a tudo? Como você se sentiria ao esconder seu filho durante três meses?

---

04 Deus usou pessoas comuns como Joquebede e Anrão, assim como fez com Davi, um simples pastor, em 1 Samuel 16:11-13. Como você pode se disponibilizar para ser usado por Deus, mesmo se sentindo comum ou inadequado?

---

05 Em Jeremias 29:11, Deus diz que tem planos de bem para Seu povo. Como essa promessa se reflete na história de Joquebede e Moisés?

Semana 14

Local

_____

(Preencha com o local de seu momento devocional)

Checklist

Atividade	Data
☐ Leitura	____/____/____
☐ Dia 1	____/____/____
☐ Dia 2	____/____/____
☐ Dia 3	____/____/____
☐ Dia 4	____/____/____
☐ Dia 5	____/____/____
☐ Aplicação	____/____/____
☐ Oração	____/____/____

Semana 14

Reflexão

Tire um momento de pausa a cada dia da semana para meditar e refletir por meio das perguntas sugeridas. Use este espaço para anotar suas respostas.

Semana 14

Aplicação

O que você aprendeu com essa mulher da Bíblia e como pode aplicar esses ensinamentos em sua vida?

_____
_____
_____
_____
_____
_____
_____
_____
_____
_____
_____
_____
_____
_____
_____
_____
_____
_____
_____
_____
_____
_____
_____
_____
_____
_____

Semana 14

Oração

Use este espaço para escrever sua oração.

Semana 15

DATA DA
SUA HISTÓRIA:
1446 a.C.

LOCALIZAÇÃO
EM QUE VIVEU
Egito

Sobre Miriã

LÍDER · PROFETISA · CORAJOSA

Miriã é uma personagem importante na Bíblia, especialmente no Antigo Testamento. Ela é a irmã de Moisés e Arão, e desempenhou um papel significativo na história do povo de Israel.

Miriã aparece pela primeira vez na história do nascimento de Moisés. Embora não seja mencionada pelo nome, ela é a irmã que observa o cesto de Moisés no rio Nilo e sugere à filha do Faraó que contrate uma ama hebreia (a própria mãe de Moisés) para cuidar do bebê.

Miriã e Arão criticam Moisés por se casar com uma mulher cuxita. Como resultado, Miriã é castigada por Deus com lepra, mas depois de Moisés interceder por ela, ela é curada após ser isolada fora do acampamento por sete dias.

Miriã é uma das primeiras mulheres na Bíblia a ser chamada de profetisa. Sua liderança e o fato de ela conduzir o povo em louvor após a travessia do Mar Vermelho destacam sua importância espiritual e seu papel na vida religiosa de Israel.

Após a travessia do Mar Vermelho, ela lidera as mulheres israelitas em cânticos e danças para celebrar a vitória sobre o exército egípcio. Este cântico é conhecido como o "Cântico de Miriã".

Miriã é, portanto, uma figura multifacetada na Bíblia, cujo impacto e legado continuam a ser estudados e valorizados. Sua vida oferece lições profundas sobre fé, liderança, louvor e a necessidade de humildade diante de Deus.

Miriã floresceu como líder e adoradora, mostrando que até em meio a fraquezas e falhas, a verdadeira grandeza surge quando a fé e a humildade guiam o coração.

Semana 15

Devoção & Oração

LEITURA DA SEMANA
Êxodo 2:1-10
Êxodo 15:19-21
Números 12

Desde menina, Miriã revelou o coração protetor de uma mulher corajosa, cuidando de seu irmão Moisés enquanto ele deslizava nas águas do Nilo, garantindo que a filha do Faraó o encontrasse e o criasse. Com sua iniciativa e ousadia, ela assegurou a sobrevivência do libertador de Israel, mostrando que o amor cuidadoso de uma mulher pode mudar o destino de uma nação.

Ao atravessar o Mar Vermelho, Miriã, movida pela gratidão, liderou as mulheres em cânticos e danças, levantando sua voz em louvor ao Deus que traz libertação. Ela nos lembra do poder transformador do louvor feminino, que não apenas celebra, mas também inspira aqueles ao redor a se conectarem com a vitória divina.

Mas, como toda mulher, Miriã também enfrentou seus próprios erros. Em Números 12, sua crítica a Moisés levou à punição com lepra, um lembrete das consequências do orgulho. No entanto, a intercessão de Moisés trouxe cura, revelando a misericórdia de Deus e a importância da humildade. O orgulho pode nos cegar, mas a graça divina está sempre pronta para nos restaurar quando nos humilhamos.

A história de Miriã é um espelho para nós: uma mulher de fé, cheia de coragem, que, apesar de suas falhas, nos ensina lições profundas de liderança, louvor e humildade. Ela nos inspira a proteger os vulneráveis com coração firme, a liderar com louvor sincero e a caminhar com a humildade que abre espaço para o perdão e a cura de Deus.

Que possamos aprender com Miriã a equilibrar nossa força com nossa fraqueza, reconhecendo que a verdadeira grandeza vem quando nos colocamos diante de Deus com um coração humilde, dispostas a crescer e florescer em fé e sabedoria.

Semana 15

Pausa & Reflexão

Dia

01 Como você pode ser um protetor e defensor daqueles que estão em situações tvulneráveis, assim como Miriã fez por Moisés?

---

02 "Louvarei ao Senhor em todo o tempo; o seu louvor estará continuamente na minha boca" (Salmos 34:1). Miriã liderou as mulheres em louvor após a travessia do Mar Vermelho. Como você pode ser um exemplo de louvor e gratidão em sua família ou comunidade?

---

03 Em Números 12, Miriã foi punida por criticar Moisés. Como você pode evitar a crítica destrutiva e, em vez disso, oferecer apoio e encorajamento?

---

04 Quando você erra, como você busca restauração e cura?

---

05 Miriã demonstrou coragem ao proteger Moisés e liderar o povo em louvor. Como você pode ser um exemplo de fé e coragem para aqueles ao seu redor?

Semana 15

Local

(Preencha com o local de seu momento devocional)

Checklist

Atividade	Data
☐ Leitura	____/____/____
☐ Dia 1	____/____/____
☐ Dia 2	____/____/____
☐ Dia 3	____/____/____
☐ Dia 4	____/____/____
☐ Dia 5	____/____/____
☐ Aplicação	____/____/____
☐ Oração	____/____/____

Semana 15

Reflexão

Tire um momento de pausa a cada dia da semana para meditar e refletir por meio das perguntas sugeridas. Use este espaço para anotar suas respostas.

Semana 15

Aplicação

O que você aprendeu com essa mulher da Bíblia e como pode aplicar esses ensinamentos em sua vida?

Semana 15

Oração

Use este espaço para escrever sua oração.

Semana 16

DATA DA SUA HISTÓRIA:
1406 a.C.

LOCALIZAÇÃO EM QUE VIVEU
Jericó, Israel

Sobre Raabe

FÉ · CORAGEM · REDENÇÃO

Raabe é uma personagem bíblica significativa mencionada no Antigo Testamento. Sua história está profundamente ligada à conquista de Jericó pelos israelitas e à linhagem de Jesus Cristo.

Raabe é apresentada como uma mulher que vivia em Jericó e exercia a profissão de prostituta. Quando os espiões enviados por Josué foram à cidade para explorar a terra, Raabe os escondeu e protegeu, reconhecendo que Deus havia dado a terra aos israelitas. Em troca de sua ajuda, os espiões prometeram poupar a vida dela e de sua família quando a cidade fosse conquistada.

Após a queda de Jericó, Raabe e sua família foram poupados conforme o acordo feito com os espiões. Ela foi integrada ao povo de Israel, passando a viver entre eles. Raabe é mencionada na genealogia de Jesus Cristo, como a mãe de Boaz, que se casou com Rute. Isso destaca a inclusão de uma gentia e ex-prostituta na linhagem messiânica, o que sublinha a graça e a redenção divinas.

Ela é um exemplo de como Deus pode usar qualquer pessoa, independentemente de seu passado, para cumprir Seus propósitos soberanos.

> *Raabe floresceu em meio ao caos, transformando seu passado em um testemunho de fé e coragem, revelando que Deus pode fazer brotar vida e propósito onde menos se espera.*

Semana 16

Devoção & Oração

LEITURA DA SEMANA
Josué 2:1-2
Josué 6:22-25

Raabe, uma mulher estrangeira com um passado marcado, floresceu em fé ao acreditar no Deus de Israel, mesmo quando tudo ao seu redor parecia incerto. Em meio à sua reputação questionável, ela ousou arriscar tudo, protegendo os espiões israelitas e confiando na promessa de que sua vida seria poupada. Sua coragem foi mais do que um ato isolado – foi a semente de uma nova história.

Resgatada da destruição iminente de Jericó, Raabe foi integrada ao povo de Deus, e em um gesto de graça divina, tornou-se parte da linhagem que traria Jesus Cristo ao mundo. Sua história nos ensina que, não importa o que o passado tenha nos imposto, Deus pode transformar nossas vidas e nos usar de maneira grandiosa para Seus propósitos.

Raabe não salvou apenas a si mesma; ela agiu com sabedoria e amor, protegendo também sua família. Ela mostrou que a verdadeira fé não apenas transforma, mas também se estende aos que amamos, criando um legado de cuidado e responsabilidade.

A trajetória de Raabe é um testemunho brilhante de fé, coragem e da incrível graça de Deus. Sua vida nos inspira a lembrar que, mesmo nas circunstâncias mais desafiadoras, a fé pode nos elevar e nos transformar. Que possamos seguir o exemplo de Raabe, agindo com coragem, buscando a transformação que Deus oferece e cuidando com amor daqueles ao nosso redor.

Semana 16

Pausa & Reflexão

Dia

01 Raabe acreditou no Deus de Israel, mesmo sem ver os resultados imediatos. Em que áreas da sua vida você precisa confiar mais em Deus, mesmo quando não consegue ver o caminho à frente?

02 Portanto, se alguém está em Cristo, nova criatura é; as coisas velhas já passaram; eis que tudo se fez novo" (2 Coríntios 5:17). Raabe experimentou uma transformação radical ao se alinhar com o povo de Deus. Como você pode permitir que Deus transforme áreas de sua vida que precisam de mudança e renovação?

03 Você está disposto a agir em favor dos outros, mesmo quando isso envolve riscos pessoais?

04 Raabe confiou na promessa dos espiões de que sua vida seria poupada. Como você pode confiar que Deus cumprirá Suas promessas em meio às incertezas que você enfrenta?

05 "Portanto, acolhei-vos uns aos outros, como também Cristo nos acolheu para a glória de Deus" (Romanos 15:7). Raabe, uma gentia e prostituta, foi acolhida no povo de Deus e tornou-se parte da linhagem de Cristo. Como você pode ser mais acolhedor e inclusivo com pessoas que vêm de contextos diferentes ou marginalizados?

Semana 16

Local

(Preencha com o local de seu momento devocional)

Checklist

Atividade	Data
☐ Leitura	____/____/____
☐ Dia 1	____/____/____
☐ Dia 2	____/____/____
☐ Dia 3	____/____/____
☐ Dia 4	____/____/____
☐ Dia 5	____/____/____
☐ Aplicação	____/____/____
☐ Oração	____/____/____

Semana 16

Reflexão

Tire um momento de pausa a cada dia da semana para meditar e refletir por meio das perguntas sugeridas. Use este espaço para anotar suas respostas.

Semana 16

Aplicação

O que você aprendeu com essa mulher da Bíblia e como pode aplicar esses ensinamentos em sua vida?

Semana 16

Oração

Use este espaço para escrever sua oração.

Semana 17

DATA DA SUA HISTÓRIA:
1374 a.C.

LOCALIZAÇÃO EM QUE VIVEU
Região montanhosa de
Efraim

Sobre Débora

CORAGEM · SABEDORIA · INFLUÊNCIA

Débora é uma figura central no Antigo Testamento, conhecida por seu papel como profetisa, juíza e líder militar de Israel. Ela é uma das poucas mulheres mencionadas na Bíblia que ocupou uma posição de autoridade sobre o povo de Israel.

Ela era respeitada e procurada para resolver disputas e para receber orientação espiritual. Sua posição como profetisa indica que ela tinha uma profunda conexão com Deus e que transmitia Suas mensagens ao povo.

Débora é única entre os juízes de Israel por ser uma mulher que liderou o povo não apenas em julgamentos, mas também em batalhas. Sua convocação a Baraque para lutar contra os cananeus e sua presença no campo de batalha mostram sua determinação e fé no poder de Deus para libertar Israel.

Ela é uma inspiração para todos os crentes, demonstrando que, com a ajuda de Deus, qualquer pessoa pode cumprir um papel vital em Sua obra.

> *Débora floresceu em meio à opressão, liderando com fé e coragem, mostrando que a verdadeira força nasce quando confiamos plenamente nos propósitos de Deus.*

Semana 17

Devoção
& Oração

LEITURA DA SEMANA
Êxodo 2:1-10

O capítulo 4 de Juízes nos envolve em uma narrativa de força feminina e fé inabalável, no qual Débora, profetisa e juíza em Israel, se ergue como uma luz em tempos de opressão. Sob o peso da tirania de Jabim, rei de Canaã, e seu comandante Sísera, Débora não recua. Ao contrário, com uma convicção nascida da fé, ela convoca Baraque para liderar o exército de Israel, acreditando firmemente na promessa de vitória que Deus já havia dado.

Débora não é apenas uma líder em título, mas uma mulher de ação, cuja liderança floresce em sua total confiança em Deus. Mesmo quando o medo e a incerteza rondam, ela mantém sua postura firme, lembrando-nos que a verdadeira liderança nasce da fé em tempos de dificuldade. Quando Baraque hesita, Débora, com coragem e presença, se coloca ao lado dele, mostrando que a verdadeira líder não apenas guia de longe, mas caminha junto, encorajando e agindo.

A vitória não foi entregue nas mãos de um grande guerreiro, mas de Jael, outra mulher de fé e coragem, que ousadamente pôs fim à opressão ao derrotar Sísera. Essa narrativa nos sussurra ao coração que Deus pode usar qualquer pessoa, independentemente de sua posição ou status, para realizar Seus planos. Débora acreditava que a vitória viria, mesmo quando tudo parecia contrário – uma fé inquebrável que se revelou essencial para a libertação de Israel.

A história de Débora é um testemunho da liderança corajosa, da fé em ação e do poder transformador de confiar em Deus. Que possamos nos inspirar nela, liderando com fé, encorajando aqueles ao nosso redor e acreditando que Deus nos usa, independentemente de quem somos, para cumprir Seus propósitos e fazer florescer em nós a força e coragem que Ele deseja.

Semana 17

Pausa & Reflexão

Dia

01 Débora liderou Israel com coragem e fé em Deus. Em que áreas da sua vida você precisa demonstrar mais fé e coragem na liderança?

02 "Confia no Senhor de todo o teu coração, e não te estribes no teu próprio entendimento." (Provérbios 3:5). Como você pode fortalecer sua confiança nas promessas de Deus, especialmente em momentos de incerteza?

03 Débora encorajou Baraque a liderar o exército israelita. Como você pode ser uma fonte de encorajamento e apoio para os outros em sua vida?

04 "Deus escolheu as coisas fracas deste mundo para confundir as fortes." (1 Coríntios 1:27). Deus usou Débora, uma mulher em uma sociedade patriarcal, para liderar Israel. Como você pode se abrir para ser usado por Deus, independentemente de suas circunstâncias ou limitações percebidas?

05 Débora foi uma juíza conhecida por sua sabedoria. Como você pode buscar a sabedoria divina em suas decisões e ações diárias?

Semana 17

Local

_____

(Preencha com o local de seu momento devocional)

Checklist

Atividade	Data
☐ Leitura	____/____/____
☐ Dia 1	____/____/____
☐ Dia 2	____/____/____
☐ Dia 3	____/____/____
☐ Dia 4	____/____/____
☐ Dia 5	____/____/____
☐ Aplicação	____/____/____
☐ Oração	____/____/____

Semana 17

Reflexão

Tire um momento de pausa a cada dia da semana para meditar e refletir por meio das perguntas sugeridas. Use este espaço para anotar suas respostas.

Semana 17

Aplicação

O que você aprendeu com essa mulher da Bíblia e como pode aplicar esses ensinamentos em sua vida?

Semana 17

Oração

Use este espaço para escrever sua oração.

Semana 18

DATA DA
SUA HISTÓRIA:
2067 a.C.

LOCALIZAÇÃO
EM QUE VIVEU
Sodoma

Sobre Jael

CORAGEM · DECISÃO · LIBERTAÇÃO

Jael é uma figura notável no Antigo Testamento, conhecida por seu papel crucial na vitória de Israel sobre os cananeus. Sua história é contada no livro de Juízes, capítulos 4 e 5.

Durante o tempo dos juízes, Israel estava sob a opressão do rei Jabim de Canaã, cujo exército era comandado por Sísera. Débora, uma profetisa e juíza de Israel, juntamente com o líder militar Baraque, liderou um exército israelita contra as forças de Sísera.

Após a derrota do exército cananeu, Sísera fugiu a pé e procurou refúgio na tenda de Jael, esposa de Héber, o queneu. Héber tinha um tratado de paz com Jabim, então Sísera acreditava estar seguro na tenda de Jael. Jael ofereceu hospitalidade a Sísera, dando-lhe leite para beber e um lugar para descansar. No entanto, enquanto Sísera dormia, Jael pegou uma estaca de tenda e um martelo e matou Sísera, cravando a estaca em sua têmpora.

A ação corajosa e decisiva de Jael garantiu a vitória completa de Israel sobre os cananeus. Jael é lembrada por sua coragem e pelo papel instrumental que desempenhou na libertação de Israel. Sua história destaca como Deus pode usar indivíduos inesperados para realizar Seus propósitos e trazer libertação ao Seu povo.

Jael floresceu em meio à adversidade, com coragem e determinação, tornando-se instrumento de libertação e mostrando que a verdadeira força brota no momento certo, guiada por Deus.

Semana 18

Devoção & Oração

LEITURA DA SEMANA
Juízes 4:17-22

Jael é o retrato de uma coragem silenciosa, mas imensamente poderosa. Em um momento decisivo, ela não hesitou, tomando uma ação que mudaria o destino de Israel. Com suas mãos firmes e coração determinado, Jael nos desafia a sermos corajosas diante dos desafios, confiando que Deus, em Sua providência, pode usar nossas decisões para cumprir Seus propósitos, mesmo que o cenário pareça assustador.

Ela não era uma guerreira ou líder militar, mas isso não impediu Deus de agir por meio dela. Sua história nos lembra de que a grandeza não está reservada aos poderosos, mas àqueles que têm fé e coragem. Deus não escolhe pelas habilidades ou posições, mas pela disposição do coração. Jael, uma mulher comum, foi chamada para realizar o extraordinário, mostrando-nos que, em cada uma de nós, reside um potencial divino.

Seu ato de bravura reflete uma confiança inabalável na providência de Deus. Jael soube reconhecer o momento e agiu com a certeza de que havia algo maior em movimento. Assim também somos chamadas a confiar que Deus está guiando nossas vidas, mesmo quando não entendemos completamente Seus planos.

A história de Jael é um cântico de coragem e confiança, um lembrete de que Deus pode nos usar em momentos cruciais. Com fé, determinação e a convicção de que Ele age por meio de nós, podemos florescer em meio aos desafios e fazer a diferença onde menos esperamos. Que sejamos inspiradas por Jael a agir com ousadia e a confiar que Deus, em Seu perfeito tempo, realiza Seus planos por cada uma de nós.

Semana 18

Pausa & Reflexão

Dia

01 — Leia 2 Timóteo 1:7, que fala sobre o espírito de poder, amor e disciplina que Deus nos dá. Como você pode cultivar coragem em sua vida, assim como Jael?

02 — Em 1 Coríntios 1:27-29, Paulo fala sobre como Deus escolhe as coisas fracas e desprezíveis do mundo para confundir os fortes. Como você pode ver a forma como Deus usa pessoas comuns, como Jael, para realizar Seus propósitos? Quais exemplos você pode identificar em sua própria vida?

03 — Como você pode ser preparado para um momento específico em que Deus deseja usar você para cumprir Seus propósitos, semelhante a Jael?

04 — Em Hebreus 11:32-34, o autor fala sobre heróis da fé que, por meio dela, venceram reinos e praticaram a justiça. Como a história de Jael se alinha com os atos de fé mencionados em Hebreus? Que lições de fé você pode aplicar em sua vida?

05 — Leia Tiago 2:17, que fala sobre a fé acompanhada de ações. De que maneiras você pode demonstrar sua fé por ações concretas, assim como Jael fez ao agir decisivamente contra Sísera?

Semana 18

Local

(Preencha com o local de seu momento devocional)

Checklist

	Atividade	Data
☐	Leitura	____/____/____
☐	Dia 1	____/____/____
☐	Dia 2	____/____/____
☐	Dia 3	____/____/____
☐	Dia 4	____/____/____
☐	Dia 5	____/____/____
☐	Aplicação	____/____/____
☐	Oração	____/____/____

Semana 18

Reflexão

Tire um momento de pausa a cada dia da semana para meditar e refletir por meio das perguntas sugeridas. Use este espaço para anotar suas respostas.

Semana 18

Aplicação

O que você aprendeu com essa mulher da Bíblia e como pode aplicar esses ensinamentos em sua vida?

Semana 18

Oração

Use este espaço para escrever sua oração.

Semana 19

**DATA DA
SUA HISTÓRIA:**
1140 a.C.

**LOCALIZAÇÃO
EM QUE VIVEU**
Moabe, Belém

Sobre Noemi

RESILIÊNCIA · FÉ · SABEDORIA

Noemi é uma personagem central na narrativa do livro de Rute, no Antigo Testamento. Ela é uma figura significativa na história de Israel, conhecida por sua fé, resiliência e papel crucial na linhagem de Davi, e, por consequência, na genealogia de Jesus Cristo.

Noemi é apresentada como a esposa de Elimeleque e mãe de dois filhos, Malom e Quiliom. Devido a uma fome em Belém, a família se muda para Moabe, onde Elimeleque e seus filhos morrem, deixando Noemi viúva e sem filhos. Noemi decide retornar para Belém após ouvir que o Senhor havia visitado o Seu povo, dando-lhe pão. Suas noras, Rute e Orfa, começam a jornada com ela, mas Noemi insiste para que retornem à casa de suas mães. Orfa decide ficar em Moabe, mas Rute se apega a Noemi e faz um juramento de lealdade a ela e ao Deus de Israel.

A vida de Noemi é marcada por dor e perda, mas também por uma profunda fé em Deus. Sua jornada de volta a Belém simboliza um retorno à esperança e à confiança na provisão divina, mesmo quando tudo parecia perdido. Sua história é um testemunho de como Deus pode transformar situações de dor em oportunidades de redenção e restauração.

> *Noemi floresceu em meio à dor, encontrando na fé e na resiliência a força para recomeçar e guiar outros no caminho da redenção.*

Semana 19

Devoção
& Oração

> **LEITURA DA SEMANA**
> *Rute 1-4*

Noemi caminhou por vales de profunda dor: perdeu o marido, viu seus filhos partirem para nunca mais voltar, e migrou para uma terra distante, carregando o peso da incerteza. Ao retornar a Belém, sem garantias e com a alma marcada pela perda, Noemi poderia ter se deixado definir por suas tragédias. Mas ao invés disso, ela encontrou em Deus a força para recomeçar, guiando sua amada nora Rute no caminho da redenção.

Noemi nos lembra que, mesmo quando a vida nos desafia além de nossas forças, há sempre uma esperança que floresce em meio às ruínas. Ela não se rendeu às cicatrizes do passado, mas enxergou, na volta a Belém, a chance de reescrever sua história. Com sabedoria, Noemi reconheceu a mão de Deus trabalhando em cada detalhe de sua jornada, desde a dor até a providência que veio por meio de Boaz.

Sua história é um canto de resiliência e confiança. Noemi nos ensina que, mesmo quando a névoa do sofrimento nos envolve, Deus está no controle, tecendo Seus propósitos em meio à incerteza. Ela nos inspira a confiar na providência divina, sabendo que em cada dificuldade há uma oportunidade de crescer em fé.

Que, assim como Noemi, possamos buscar novas oportunidades, agir com sabedoria e confiar que, em todas as circunstâncias, Deus está presente, guiando-nos em direção à esperança e à renovação.

Semana 19

Pausa & Reflexão

Dia

01 Noemi enfrentou perdas significativas, mas manteve a fé. Como você pode aplicar essa mesma resiliência e confiança em Deus em suas situações difíceis?

02 De que maneiras você pode usar sua sabedoria e experiência para guiar e apoiar outras pessoas?

03 Noemi viu a mão de Deus guiando as circunstâncias de sua vida. Em que áreas de sua vida você precisa confiar mais na providência de Deus, acreditando que Ele está trabalhando para o seu bem?

04 "Eis que faço novas todas as coisas." (Apocalipse 21:5). Noemi decidiu retornar a Belém e recomeçar sua vida, confiando que Deus proveria. Como você pode buscar novas oportunidades e abraçar recomeços em sua vida, confiando na renovação que Deus oferece?

05 Como você pode apoiar aqueles que estão passando por luto ou perda, assim como Noemi foi apoiada por Rute?

Semana 19

Local

_____
(Preencha com o local de seu momento devocional)

Checklist

Atividade	Data
☐ Leitura	____/____/____
☐ Dia 1	____/____/____
☐ Dia 2	____/____/____
☐ Dia 3	____/____/____
☐ Dia 4	____/____/____
☐ Dia 5	____/____/____
☐ Aplicação	____/____/____
☐ Oração	____/____/____

Semana 19

Reflexão

Tire um momento de pausa a cada dia da semana para meditar e refletir por meio das perguntas sugeridas. Use este espaço para anotar suas respostas.

Semana 19

Aplicação

O que você aprendeu com essa mulher da Bíblia e como pode aplicar esses ensinamentos em sua vida?

Semana 19

Oração

Use este espaço para escrever sua oração.

Semana 20

DATA DA SUA HISTÓRIA:
1140 a.C.

LOCALIZAÇÃO EM QUE VIVEU
Moabe, Belém

Sobre Rute

LEALDADE · FÉ · CORAGEM

A história de Rute abrange todos esses temas. É uma história de tristeza e alegria quando Deus redimiu o sofrimento de uma humilde mulher moabita, trazendo beleza da tragédia. É a narrativa de uma mulher corajosa que deixou sua cidade natal para acompanhar sua sogra a uma terra estrangeira e, no processo, descobriu um Deus fiel e um lugar para pertencer.

Rute era uma estrangeira — vulnerável, sem marido e sem filhos. Ela era de Moabe e viúva de um homem israelita. Quando sua sogra, Noemi, decidiu retornar a Israel, Rute teve a oportunidade de retornar à sua família em Moabe. Em vez disso, ela foi com Noemi para Israel. Ela escolheu seguir o único Deus verdadeiro, dizendo: "Não insistas comigo que te deixe e não mais a acompanhe. Aonde fores irei, onde ficares ficarei! O teu povo será o meu povo e o teu Deus será o meu Deus!" (Rute 1.16). Ela deixou seu povo, família e cultura, colocando sua confiança apenas no Deus de Israel.

No início de sua história, Rute era uma estrangeira. Mas Deus, em Sua misericórdia, deu a Rute um lugar para pertencer, enxertando-a no povo de Deus. No início do livro, Rute era vulnerável, sem marido e sem filhos. Ela foi marginalizada, sem herança, segurança ou proteção. Mas no final de sua história, Rute era protegida, valorizada e amada — uma esposa e mãe preciosa. Ela não era apenas a bisavó de um rei; ela também estava incluída na linhagem do verdadeiro Redentor, Jesus. "Deus, em Sua misericórdia, deu a Rute um lugar para pertencer, enxertando-a no povo de Deus."

Rute floresceu na fidelidade e humildade, colhendo bênçãos inesperadas ao confiar em Deus e agir com lealdade em meio às adversidades.

Semana 20

Devoção & Oração

LEITURA DA SEMANA
Rute 1-4

Rute é o retrato vivo de uma lealdade que floresce em meio à adversidade. Quando tudo ao seu redor sugeria o contrário, ela escolheu permanecer ao lado de Noemi, mesmo que isso significasse abandonar sua terra e família. Com suas palavras inesquecíveis – "Onde quer que fores, irei; o teu povo é o meu povo, o teu Deus é o meu Deus" – Rute demonstrou um compromisso profundo, sacrificial e cheio de fé.

Mas sua lealdade não ficou apenas nas palavras. Rute agiu com determinação, trabalhando incansavelmente para sustentar a si mesma e a Noemi, confiando na providência divina enquanto colhia espigas nos campos de Boaz. Em sua humildade, ela pediu permissão para recolher o que a terra deixava para os mais necessitados, acreditando na bondade de Deus e das pessoas ao seu redor. Sua disposição em ouvir os conselhos de Noemi mostrou uma confiança e respeito profundos, e foi essa obediência que pavimentou o caminho para o futuro inesperado e abençoado que a aguardava – seu casamento com Boaz.

A história de Rute é um cântico de lealdade, fé e humildade. Ela nos ensina que, mesmo quando o caminho é incerto e cheio de desafios, a fidelidade a Deus e àqueles que amamos pode resultar em bênçãos que jamais imaginamos. Rute nos inspira a caminhar com diligência e coragem, confiando que, ao seguirmos o chamado de Deus, colheremos frutos que perdurarão.

Que possamos, como Rute, ser leais, trabalhadoras e humildes, sabendo que em cada ato de fé, por menor que pareça, está a mão amorosa de Deus, preparando o terreno para uma colheita de bênçãos.

Semana 20

Pausa & Reflexão

Dia 01 "Um amigo ama em todos os momentos; é um irmão na adversidade" (Provérbios 17:17). Rute permaneceu fiel a Noemi, mesmo em momentos de grande dificuldade. Como você pode fortalecer seu compromisso e lealdade em suas amizades e relacionamentos familiares, especialmente em tempos de crise?

02 Como sua fé se manifesta em ações concretas em sua vida diária?

03 Rute se humilhou ao recolher espigas nos campos de Boaz. Como você pode aprender a ser mais humilde e dependente de Deus, aceitando ajuda quando necessário e confiando que Ele cuidará de suas necessidades?

04 "Ouve o conselho, e recebe a correção, para que no fim sejas sábio" (Provérbios 19:20). Como você busca e aplica a sabedoria em suas decisões importantes?

05 "E Jesus, chamando a si a multidão, com os seus discípulos, disse-lhes: Se alguém quiser vir após mim, negue-se a si mesmo, e tome a sua cruz, e siga-me" (Marcos 8:34). De que maneira você está disposto a sair da sua zona de conforto para seguir o chamado de Deus, assim como Rute fez?

Semana 20

Local

_____

(Preencha com o local de seu momento devocional)

Checklist

	Atividade	Data
☐	Leitura	____/____/____
☐	Dia 1	____/____/____
☐	Dia 2	____/____/____
☐	Dia 3	____/____/____
☐	Dia 4	____/____/____
☐	Dia 5	____/____/____
☐	Aplicação	____/____/____
☐	Oração	____/____/____

Semana 20

Reflexão

Tire um momento de pausa a cada dia da semana para meditar e refletir por meio das perguntas sugeridas. Use este espaço para anotar suas respostas.

Semana 20

Aplicação

O que você aprendeu com essa mulher da Bíblia e como pode aplicar esses ensinamentos em sua vida?

Semana 20

Oração

Use este espaço para escrever sua oração.

Semana 21

DATA DA
SUA HISTÓRIA:
1100 a.C.

LOCALIZAÇÃO
EM QUE VIVEU
Ramá

Sobre Ana

FÉ · PERSEVERANÇA · ENTREGA

Ana é lembrada por sua fé inabalável, oração fervorosa e gratidão a Deus. Sua história é um exemplo de como a oração persistente e a confiança no plano divino podem resultar em bênçãos extraordinárias.

A história de Ana começa com a introdução de sua família. Ela era casada com Elcana, que também era casado com Penina. Penina tinha filhos, mas Ana era estéril, o que a causava grande tristeza, especialmente porque Penina a provocava. Todos os anos, Elcana levava a família para o templo em Siló para adorar e sacrificar ao Senhor. Durante uma dessas visitas, Ana, profundamente angustiada, orou fervorosamente ao Senhor pedindo um filho, prometendo dedicar a criança ao serviço de Deus. O sacerdote Eli, ao vê-la orando silenciosamente, a princípio pensou que ela estava embriagada, mas depois abençoou sua oração. Deus ouviu sua súplica e Ana deu à luz a Samuel, que mais tarde se tornaria um dos grandes profetas de Israel.

Após o nascimento de Samuel e seu desmame, Ana o levou ao templo para entregá-lo ao serviço de Deus, cumprindo sua promessa. Durante essa ocasião, Ana orou uma oração de louvor a Deus, conhecida como o "Cântico de Ana", onde ela exalta o poder, a justiça e a misericórdia de Deus. Essa oração reflete sua profunda fé e gratidão.

Ana não é apenas a mãe de Samuel, mas também desempenha um papel fundamental na história da salvação, pois Samuel se tornaria um dos maiores profetas de Israel, ungindo tanto Saul quanto Davi como reis. A disposição de Ana de entregar seu filho para o serviço de Deus teve um impacto direto na história de Israel e no plano redentor de Deus.

> *Ana floresceu na fé, transformando sua dor em oração e sua espera em vitória, confiando que Deus faz brotar vida mesmo nas lágrimas mais profundas.*

Semana 21

Devoção
& Oração

LEITURA DA SEMANA
1 Samuel 1:1-28
1 Samuel 2:1-10

Ana é a personificação de uma alma que, mesmo quebrantada, encontrou sua força no ato mais íntimo da fé: a oração. Conhecedora do silêncio da dor, das lágrimas escondidas e da espera sem respostas, ela decidiu não se afundar no desespero, mas sim, se erguer em confiança diante do altar de Deus. Com os lábios trêmulos e o coração nas mãos, Ana entregou ao Senhor seu maior desejo, a maternidade. Mas ela não apenas pediu – ela prometeu, entregou antes mesmo de receber. "Se me deres um filho, eu o devolvo a Ti", disse ela. E Deus, em Sua infinita bondade, ouviu seu clamor.

A história de Ana nos envolve como uma melodia suave, lembrando-nos de que, mesmo nas noites mais escuras, uma oração fervorosa pode transformar a dor em cântico de vitória. Deus não só concedeu a Ana o filho tão esperado, mas fez de sua descendência um marco na história de Israel. Samuel, fruto da sua entrega e devoção, foi o profeta que ungiu reis, um legado que ecoa na eternidade.

Assim como Ana derramou sua alma diante de Deus, somos convidadas a nos aproximar Dele com toda a nossa vulnerabilidade. Não há dor tão profunda que escape do olhar de Deus, nem desejo oculto que Ele não possa ouvir. Ele honra as orações sinceras, transforma corações quebrantados e faz florescer a esperança onde antes havia desespero.

Ana nos ensina que a perseverança na fé nunca é em vão. A espera, muitas vezes dolorosa, é o lugar onde a fé ganha raízes mais profundas. Quando mantemos nossos olhos em Deus, mesmo em meio às tempestades, Ele está preparando o tempo perfeito para agir.

Que possamos, como Ana, entregar nossos anseios e dores ao Senhor, confiando que Ele ouve, cuida e transforma cada oração feita com o coração.

Semana 21

Pausa & Reflexão

Dia

01 — Em Provérbios 3:5 está escrito: "Confia no Senhor de todo o teu coração e não te estribes no teu próprio entendimento". Assim como Ana orou fervorosamente e derramou seu coração diante de Deus, como você pode expressar sua vulnerabilidade e fé em oração, confiando que Deus está ouvindo?

02 — Ana continuou orando e perseverou, mesmo quando não via a resposta que desejava. Em que áreas você pode persistir em oração e fé, mesmo sem ver resultados imediatos?

03 — "Entrega o teu caminho ao Senhor; confia nele, e ele o fará" (Salmos 37:5). Você está disposta a entregar seus sonhos e desejos nas mãos de Deus, confiando no plano Dele?

04 — Mesmo após receber a resposta à sua oração, Ana louvou a Deus com gratidão. Como você pode adotar uma postura de gratidão, mesmo enquanto espera pelas respostas de Deus?

05 — "Ora, àquele que é poderoso para fazer infinitamente mais do que tudo quanto pedimos ou pensamos, segundo o poder que em nós opera" (Efésios 3:20). Você acredita que Deus pode transformar sua dor em uma bênção maior do que você imaginava?

Semana 21

Local

_____

(Preencha com o local de seu momento devocional)

Checklist

	Atividade	Data
☐	Leitura	____/____/____
☐	Dia 1	____/____/____
☐	Dia 2	____/____/____
☐	Dia 3	____/____/____
☐	Dia 4	____/____/____
☐	Dia 5	____/____/____
☐	Aplicação	____/____/____
☐	Oração	____/____/____

Semana 21

Reflexão

Tire um momento de pausa a cada dia da semana para meditar e refletir por meio das perguntas sugeridas. Use este espaço para anotar suas respostas.

Semana 21

Aplicação

O que você aprendeu com essa mulher da Bíblia e como pode aplicar esses ensinamentos em sua vida?

Semana 21

Oração

Use este espaço para escrever sua oração.

Semana 22

DATA DA
SUA HISTÓRIA:
1076 a.C.

LOCALIZAÇÃO
EM QUE VIVEU
Vale de Soreque

Sobre Dalila

ASTÚCIA · TRAIÇÃO · MANIPULAÇÃO

Dalila é uma personagem bíblica central na narrativa de Sansão. Ela é conhecida principalmente por sua associação com a queda de Sansão, o juiz de Israel, que possuía uma força extraordinária concedida por Deus.

Seu nome, em hebraico (Delilah), significa "fraca" ou "delicada". Alguns estudiosos acreditam que ela poderia ser filisteia, mas o texto bíblico não confirma explicitamente sua etnia. Dalila entra na narrativa como a mulher por quem Sansão, juiz de Israel, se apaixona. Ela desempenha um papel crucial na traição de Sansão, sendo subornada pelos líderes filisteus para descobrir o segredo de sua força extraordinária.

Ela tentou várias vezes persuadir Sansão a revelar o segredo de sua força. Após várias tentativas e enganos, Sansão finalmente lhe confidenciou que o segredo de sua força estava no fato de que seu cabelo nunca havia sido cortado.

A traição de Dalila levou à prisão de Sansão e à sua eventual morte. Embora ela tenha sido bem-sucedida em trair Sansão, a história culmina com a redenção de Sansão quando, em um último ato de força, ele derruba as colunas do templo filisteu, destruindo a si mesmo e a muitos de seus inimigos.

Dalila, após sua traição, desaparece da narrativa bíblica, e o texto não menciona o que aconteceu com ela após esses eventos.

> *Dalila usou sua astúcia para manipular e derrubar a força de Sansão, mostrando que nem toda beleza traz vida e esperança.*

Semana 22

Devoção & Oração

LEITURA DA SEMANA
Juízes 16:4-22

A história de Dalila é como uma teia delicadamente tecida de astúcia e traição, onde o poder feminino, quando mal utilizado, pode ser devastador. Dalila usou sua influência para manipular Sansão, explorando sua confiança e amor. Sua beleza e persuasão tornaram-se armas em suas mãos, revelando que nem sempre a força está no braço, mas na sutileza das palavras e nas intenções escondidas.

Para nós, mulheres, a história de Dalila nos ensina que o poder que carregamos deve ser usado com sabedoria e integridade. A verdadeira força feminina não reside na manipulação, mas na compaixão, no cuidado e na construção, não na destruição. Cada uma de nós tem a capacidade de influenciar, seja em nossas famílias, amizades ou no mundo ao nosso redor. A questão é: como usaremos essa influência? Para edificar ou derrubar?

Dalila nos desafia a refletir sobre os nossos próprios corações: estamos usando nossa força interior para trazer luz à vida dos outros, ou estamos aproveitando nossas vantagens de forma egoísta? Que possamos escolher o caminho da integridade, sabendo que a verdadeira beleza está em como escolhemos agir, com bondade e sabedoria, e que o poder de uma mulher floresce quando ela usa sua força para edificar e transformar vidas ao seu redor.

Semana 22

Pausa & Reflexão

Dia 01 — "Com sabedoria se edifica a casa, e com discernimento ela se firma" (Provérbios 24:3). Dalila usou sua influência para manipular e destruir. Em contraste, como você pode usar sua influência para construir e edificar os outros?

---

02 — Você tem sido verdadeira e íntegra em seus relacionamentos ou já permitiu que o egoísmo e a manipulação governassem suas ações?

---

03 — Leia 1 Timóteo 6:10 e reflita. Quais são as consequências de permitir que a ganância ou a ambição desmedida guiem suas decisões?

---

04 — "Confia no Senhor de todo o teu coração, e não te estribes no teu próprio entendimento" (Provérbios 3:5). Dalila confiou em sua própria astúcia para conseguir o que queria. Como podemos buscar a sabedoria e a orientação de Deus em vez de depender apenas de nossos próprios planos?

---

05 — Dalila buscou agradar às expectativas humanas, mas negligenciou os princípios divinos. Quais escolhas você precisa fazer hoje para florescer de maneira saudável e honrosa, cultivando uma vida que agrada a Deus?

Semana 22

Local

(Preencha com o local de seu momento devocional)

Checklist

	Atividade	Data
☐	Leitura	___/___/___
☐	Dia 1	___/___/___
☐	Dia 2	___/___/___
☐	Dia 3	___/___/___
☐	Dia 4	___/___/___
☐	Dia 5	___/___/___
☐	Aplicação	___/___/___
☐	Oração	___/___/___

Semana 22

Reflexão

Tire um momento de pausa a cada dia da semana para meditar e refletir por meio das perguntas sugeridas. Use este espaço para anotar suas respostas.

Semana 22

Aplicação

O que você aprendeu com essa mulher da Bíblia e como pode aplicar esses ensinamentos em sua vida?

Semana 22

Oração

Use este espaço para escrever sua oração.

Semana 23

DATA DA SUA HISTÓRIA:
1050 a.C.

LOCALIZAÇÃO EM QUE VIVEU
Gibeá, Jerusalém

Sobre Mical

— LEALDADE · ORGULHO · TRAGÉDIA —

Mical, é uma personagem bíblica fascinante, cuja vida está entrelaçada com o drama político e familiar da monarquia inicial de Israel. Era a filha mais nova do primeiro rei de Israel, Saul, e irmã de Jônatas, o grande amigo de Davi. Ela cresceu em um ambiente real, cercada por poder, batalhas e conflitos políticos.

A Bíblia nos diz que Mical amava Davi, o que era raro nas narrativas bíblicas, onde o amor entre cônjuges não é frequentemente mencionado. Saul, ao descobrir isso, usou essa informação para manipular a situação, oferecendo a mão de Mical em casamento a Davi, na esperança de que isso levaria Davi à morte em batalha com os filisteus.

Mical demonstrou sua lealdade a Davi quando seu pai Saul tentou matá-lo. Ela ajudou Davi a escapar pela janela enquanto enganava os servos de Saul, colocando um ídolo na cama e dizendo que Davi estava doente. Este ato corajoso mostra a profundidade de seu amor e comprometimento com Davi.

Após a fuga de Davi, Saul deu Mical em casamento a outro homem, Paltiel, filho de Laís. Paltiel, que aparece brevemente na narrativa, parece ter sido profundamente apegado a Mical, já que, quando ela foi tomada de volta por Davi, Paltiel a seguiu chorando.

Quando Davi se tornou mais poderoso, ele exigiu o retorno de Mical como parte de um acordo com Abner, o comandante das forças de Saul, para consolidar seu controle sobre o reino de Israel. Embora ela tenha sido retirada de seu segundo marido, sua restauraçãoao status de esposa de Davi parece ter sido mais uma jogada política do que um gesto de reconciliação romântica.

A relação entre Mical e Davi não parece ter sido restaurada completamente. Quando Davi trouxe a Arca da Aliança para Jerusalém e dançou de maneira exuberante diante do Senhor, Mical o criticou severamente, dizendo que ele se expôs de maneira imprópria diante do povo. Davi respondeu dizendo que ele estava dançando diante do Senhor e não se importava com a opinião de outros. Após esse confronto, o texto nos diz que Mical permaneceu sem filhos até o dia de sua morte.

Mical é uma figura trágica e complexa na narrativa bíblica. Sua história reflete o drama da monarquia inicial de Israel, e ela experimentou amor, lealdade, traição e, eventualmente, amargura. Como filha de Saul e esposa de Davi, ela se encontrou no centro dos conflitos de poder que marcaram a transição do reinado de Saul para o reinado de Davi.

Mical deixou de florescer ao permitir que o orgulho e a crítica sufocassem o amor e a lealdade que um dia a definiram.

Semana 23

Devoção & Oração

LEITURA DA SEMANA
1 Samuel 18-19
2 Samuel 3 e 6

A história de Mical é uma narrativa de amor, lealdade e, ao mesmo tempo, de orgulho e perda. Como filha do rei Saul e esposa de Davi, ela viveu cercada de poder e expectativas. Seu amor por Davi foi forte o suficiente para arriscar sua vida e ajudá-lo a escapar das garras de seu pai, mas o orgulho e a crítica sufocaram esse amor ao longo do tempo.

Mical, em muitos momentos, viveu à sombra das decisões políticas de seu pai e de seu marido, sendo movida de um lado para outro, sem controle sobre seu destino. Porém, mesmo diante dessas circunstâncias, Mical poderia ter florescido. No entanto, quando se deparou com a devoção apaixonada de Davi ao trazer a Arca da Aliança, ela o criticou, talvez por não entender que a verdadeira liberdade está em servir a Deus sem reservas, sem medo de julgamentos externos.

Para nós, mulheres, Mical nos ensina sobre os perigos de deixar o orgulho e o ressentimento tomarem conta de nossos corações. Muitas vezes, somos chamadas a situações onde não temos controle, e é fácil permitir que o amargor cresça. Mas a verdadeira sabedoria está em reconhecer que, como Davi, nossa maior liberdade está em nos entregar completamente a Deus, deixando de lado as preocupações com o que os outros pensarão.

Mical nos desafia a questionar: estamos permitindo que nossas circunstâncias e críticas nos impeçam de florescer em Deus? Ou, como Davi, vamos nos libertar dos grilhões do orgulho e viver para o Senhor, mesmo que isso signifique deixar de lado nosso medo e vaidade?

Que possamos aprender com a história de Mical a deixar de lado o orgulho, abraçar a humildade e crescer na liberdade de sermos quem Deus nos chamou para ser. Que a verdadeira alegria e devoção se tornem nossos guias, permitindo que nossa fé e amor se fortaleçam diante de qualquer adversidade.

Semana 23

Pausa & Reflexão

Dia

01 Como você lida com o orgulho e o julgamento em seus relacionamentos? Você permite que eles interfiram em sua capacidade de amar e apoiar os outros?

02 "Não há temor no amor, mas o perfeito amor lança fora o temor" (1 João 4:18). Assim como Mical se preocupou mais com a dignidade real do que com a devoção a Deus, você já se preocupou mais com as opiniões das pessoas do que com a fidelidade a Deus?

03 Quando as coisas fogem do seu controle, você reage com amargura ou entrega a Deus?

04 Você está disposta a se humilhar diante de Deus, mesmo que isso signifique parecer "menor" aos olhos das pessoas?

05 Leia Filipenses 3:13-14 e reflita: Você está permitindo que mágoas passadas ou circunstâncias difíceis impeçam seu crescimento espiritual?

Semana 23

Local

(Preencha com o local de seu momento devocional)

Checklist

Atividade	Data
☐ Leitura	____/____/____
☐ Dia 1	____/____/____
☐ Dia 2	____/____/____
☐ Dia 3	____/____/____
☐ Dia 4	____/____/____
☐ Dia 5	____/____/____
☐ Aplicação	____/____/____
☐ Oração	____/____/____

Semana 23

Reflexão

Tire um momento de pausa a cada dia da semana para meditar e refletir por meio das perguntas sugeridas. Use este espaço para anotar suas respostas.

Semana 23

Aplicação

O que você aprendeu com essa mulher da Bíblia e como pode aplicar esses ensinamentos em sua vida?

Semana 23

Oração

Use este espaço para escrever sua oração.

Semana 24

DATA DA SUA HISTÓRIA:
1011 a.C.

LOCALIZAÇÃO EM QUE VIVEU
Carmelo, Jerusalém

Sobre Abigail

SABEDORIA · CORAGEM · HUMILDADE

O nome Abigail significa "meu pai é alegria" ou "a alegria do pai" em hebraico. Abigail era casada com Nabal, um homem muito rico e influente, mas também descrito como "duro e maligno em suas ações" (1 Samuel 25:3).

Eles moravam em Maom, e suas posses estavam no Carmelo, na região montanhosa de Judá.

Abigail é descrita como "inteligente e formosa", e sua sabedoria em lidar com uma situação delicada é um dos pontos centrais de sua história. Ela reconheceu o perigo iminente e agiu com discernimento, evitando uma tragédia.

Abigail desempenhou o papel de mediadora, intercedendo entre Davi e seu marido. Ela acreditava na soberania de Deus sobre as circunstâncias e confiou que Ele agiria, como de fato fez com a morte de Nabal.

Ela passou a ser uma das esposas de Davi, embora sua vida depois disso não seja muito detalhada nas Escrituras. Em 1 Samuel 30:5, vemos que ela foi capturada por amalequitas, mas foi resgatada por Davi.

Abigail é frequentemente lembrada como um exemplo de mulher sábia, piedosa e corajosa que soube agir corretamente em meio a uma crise, influenciando positivamente os acontecimentos e prevenindo o derramamento de sangue desnecessário.

"Abigail floresceu em meio ao caos, usando sua sabedoria e coragem para transformar conflito em paz, mostrando que a verdadeira força nasce da fé e discernimento."

Semana 24

Devoção & Oração

LEITURA DA SEMANA
1 Samuel 25
1 Samuel 30

A história de Abigail é uma poesia de sabedoria, coragem e fé. Em meio ao caos provocado pela imprudência de seu marido Nabal, Abigail se descatou como uma pacificadora, mostrando que, mesmo nas situações mais turbulentas, uma mulher pode ser a voz que transforma o destino de muitos. Com um coração humilde e uma mente sábia, ela agiu rapidamente, levando provisões a Davi e suas palavras calmas e cheias de discernimento acalmaram um coração pronto para a guerra.

Abigail nos ensina que, diante de crises, podemos escolher ser farol de paz, evitando desastres com atitudes de compaixão e coragem. Ela nos lembra que nossa força não está em títulos ou status, mas na sabedoria que brota de um coração que confia em Deus. Mesmo sem ser uma líder oficial, sua ação mudou o rumo de uma batalha e salvou vidas.

Para nós, mulheres, a lição de Abigail é clara: quando nos colocamos diante de Deus com humildade, somos capazes de florescer em qualquer circunstância. Podemos ser vozes de paz em meio ao conflito, instrumentos de mudança onde há destruição. Que possamos seguir seu exemplo, agindo com sabedoria, e confiando que nossa força, como a dela, vem da fé e da sabedoria divina.

Semana 24

Pausa & Reflexão

Dia

01 "Bem-aventurados os pacificadores, porque serão chamados filhos de Deus" (Mateus 5:9). Abigail soube interceder e trazer paz. Como você pode buscar ser uma pacificadora nos conflitos que enfrenta?

02 Você está disposta a agir com sabedoria, mesmo quando envolve assumir riscos?

03 Abigail usou sua influência de forma positiva, mudando o destino de sua casa. Como você pode usar sua influência de maneira sábia e construtiva?

04 "Entrega o teu caminho ao Senhor; confia nele, e o mais ele fará" (Salmos 37:5). Você confia que Deus está no controle, mesmo em tempos de incerteza?

05 Como você pode cultivar a humildade e o discernimento em suas ações?

Semana 24

Local

_____
(Preencha com o local de seu momento devocional)

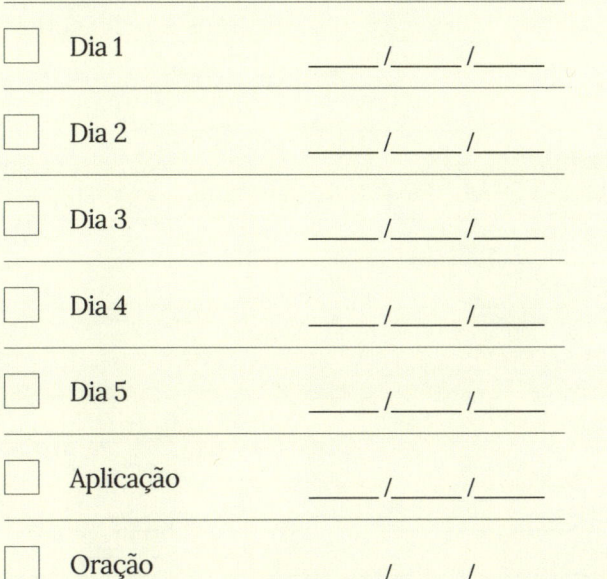

Checklist

Atividade	Data
☐ Leitura	____/____/____
☐ Dia 1	____/____/____
☐ Dia 2	____/____/____
☐ Dia 3	____/____/____
☐ Dia 4	____/____/____
☐ Dia 5	____/____/____
☐ Aplicação	____/____/____
☐ Oração	____/____/____

Semana 24

Reflexão

Tire um momento de pausa a cada dia da semana para meditar e refletir por meio das perguntas sugeridas. Use este espaço para anotar suas respostas.

Semana 24

Aplicação

O que você aprendeu com essa mulher da Bíblia e como pode aplicar esses ensinamentos em sua vida?

Semana 24

Oração

Use este espaço para escrever sua oração.

Semana 25

DATA DA
SUA HISTÓRIA:
1010 a.C.

LOCALIZAÇÃO
EM QUE VIVEU
Gibeá,
região de Benjamim

Sobre Rispa
CORAGEM · DEVOÇÃO · PERSISTÊNCIA

Rispa era uma concubina do rei Saul, o primeiro rei de Israel, e mãe de dois filhos, Armoni e Mefibosete (não confundir com o filho de Jônatas, que também se chamava Mefibosete). Ela fazia parte da casa de Saul durante o reinado de seu marido, embora seu nome só apareça após a morte de Saul.

Rispa é mencionada durante um período de lutas internas entre Isbosete, filho de Saul, e Abner, comandante do exército de Saul. Isbosete acusou Abner de ter relações com Rispa, a concubina de seu pai. Na cultura antiga, isso poderia ser interpretado como uma tentativa de Abner de reivindicar o trono.

Anos depois, durante o reinado de Davi, uma grande fome atingiu Israel, durando três anos consecutivos. Ao consultar o Senhor sobre a causa da fome, Davi foi informado de que a causa era o sangue derramado por Saul ao matar os gibeonitas. Para reparar a injustiça cometida contra eles, os gibeonitas pediram a morte de sete descendentes de Saul. Davi entregou dois dos filhos de Rispa, Armoni e Mefibosete, junto a cinco outros descendentes de Saul, para serem mortos e expostos publicamente.

Após a morte de seus filhos, os corpos dos sete descendentes de Saul foram deixados expostos ao ar livre, de acordo com o costume da época. Rispa, em um ato notável de devoção e luto, permaneceu ao lado dos corpos de seus filhos por meses, protegendo-os de aves de rapina e animais selvagens durante a colheita. Esse período durou desde o início da colheita de cevada até o outono, o que sugere que Rispa ficou de guarda por cerca de seis meses. Rispa, em silêncio e sofrimento, não abandonou seus filhos, mesmo depois da morte, mostrando uma lealdade extraordinária e um amor que superou qualquer barreira.

Quando o rei Davi soube do ato de Rispa, ele ficou profundamente comovido. Em reconhecimento à sua devoção, Davi ordenou que os ossos de Saul, de Jônatas e dos outros descendentes de Saul fossem reunidos e enterrados com dignidade na terra de Benjamim, na sepultura da família de Saul. Esse ato trouxe, finalmente, um fim à fome na terra, sugerindo que a justiça foi feita tanto em relação aos gibeonitas quanto à família de Saul.

Rispa é uma personagem bíblica de força, devoção e sacrifício. Sua história, embora curta, é rica em significados e lições sobre o amor incondicional, a fidelidade e a importância de lutar pela dignidade, mesmo em tempos de grande dor e perda. A devoção de Rispa a seus filhos, mesmo após a morte deles, é um testemunho poderoso do que significa amar profundamente e nunca desistir, mesmo quando tudo parece perdido.

> *Mesmo em meio à dor e à tragédia, Rispa floresceu em devoção, mostrando que o amor sacrificial é capaz de trazer dignidade e força nas circunstâncias mais sombrias.*

Semana 25

Devoção
& Oração

LEITURA DA SEMANA
2 Samuel 3:7
2 Samuel 21:8-14

A história de Rispa é um cântico silencioso de amor, dor e uma devoção que transcende a morte. Ela, uma mulher quase esquecida nas páginas da história, resplandece como um símbolo de sacrifício e lealdade. Quando seus filhos foram injustamente entregues à morte, Rispa não se permitiu ser vencida pela tragédia. Em vez disso, ela se ergueu em meio à dor, vigiando os corpos de seus filhos, dia e noite, protegendo-os das aves e das feras, mostrando que o amor de uma mãe não conhece limites, nem mesmo o da morte.

Sua atitude é um grito silencioso de resistência, uma recusa em permitir que a injustiça e o abandono levem sua dignidade. Durante meses, ela permaneceu ao lado dos corpos de seus filhos, como uma árvore plantada junto às águas, firme e inabalável. Rispa não tinha o poder de mudar o destino deles, mas tinha o poder de honrar suas memórias com sua presença, com sua força.

Para nós, mulheres, Rispa nos ensina que mesmo quando não temos controle sobre as circunstâncias, temos controle sobre como respondemos a elas. Seu amor não foi barulhento, mas foi profundo e transformador. Ela nos desafia a crescer em meio às adversidades, a manter nossa dignidade e fé mesmo quando o mundo ao nosso redor desmorona.

Como mulheres, muitas vezes somos chamadas a carregar o peso de fardos invisíveis, a suportar dores silenciosas. Mas como Rispa, podemos escolher vigiar e proteger aquilo que é mais precioso para nós, mesmo quando os outros não veem ou reconhecem. Sua história é um lembrete poderoso de que o amor sacrificial e a fidelidade podem mover montanhas, e que, mesmo nas situações mais sombrias, ainda podemos florescer, sustentadas pela força de Deus.

Semana 25

Pausa & Reflexão

Dia 01 — "Bem-aventurados os que têm fome e sede de justiça, porque serão fartos." (Mateus 5:6). Rispa permaneceu firme para proteger a honra de seus filhos, mesmo em meio à dor. Como você pode ser uma defensora da justiça, mesmo em circunstâncias difíceis?

02 — Leia 1 Coríntios 13:1-7 e reflita: O ato de Rispa permanecer ao lado de seus filhos mortos reflete um amor que tudo suporta. Como o seu amor pelos outros reflete a fidelidade e a força que vêm de Deus?

03 — Você já passou por momentos em que sua perseverança foi posta à prova? Como você se manteve firme em sua fé?

04 — "Se Deus é por nós, quem será contra nós?" (Romanos 8:31). Rispa estava aparentemente sozinha em sua vigília, mas sua força foi reconhecida. Como você pode confiar que, mesmo quando ninguém vê suas lutas, Deus está ao seu lado?

05 — A história de Rispa nos mostra que, mesmo em tempos de luto e sofrimento, podemos florescer em nossa fé e força. Como você pode se enraizar em Deus para crescer e dar frutos, mesmo nas tempestades da vida?

Semana 25

Local

_____

(Preencha com o local de seu momento devocional)

Checklist

	Atividade	Data
☐	Leitura	____ / ____ / ____
☐	Dia 1	____ / ____ / ____
☐	Dia 2	____ / ____ / ____
☐	Dia 3	____ / ____ / ____
☐	Dia 4	____ / ____ / ____
☐	Dia 5	____ / ____ / ____
☐	Aplicação	____ / ____ / ____
☐	Oração	____ / ____ / ____

Semana 25

Reflexão

Tire um momento de pausa a cada dia da semana para meditar e refletir por meio das perguntas sugeridas. Use este espaço para anotar suas respostas.

Semana 25

Aplicação

O que você aprendeu com essa mulher da Bíblia e como pode aplicar esses ensinamentos em sua vida?

Semana 25

Oração

Use este espaço para escrever sua oração.

Semana 26

DATA DA
SUA HISTÓRIA:
993 a.C.

LOCALIZAÇÃO
EM QUE VIVEU
Jerusalém

Sobre Bate-Seba

RESILIÊNCIA · REDENÇÃO · INFLUÊNCIA

Sua história é marcada por uma série de eventos dramáticos e importantes que envolvem o rei Davi e têm um impacto significativo na história de Israel. Ela era filha de Eliã, e seu avô, Aitofel, foi conselheiro do rei Davi. Ela era casada com Urias, o hitita, um soldado de alta posição no exército de Davi.

A história de Bate-Seba começa quando o rei Davi a vê tomando banho em sua casa enquanto seus exércitos estão em batalha. Davi, movido por desejo, envia seus servos para trazê-la ao palácio, e eles cometem adultério. Como resultado dessa relação, Bate-Seba engravida.

Para encobrir o adultério, Davi tenta manipular a situação trazendo Urias de volta da batalha, esperando que ele durma com Bate-Seba e pense que o filho seria dele. Quando Urias se recusa a ir para casa por lealdade ao exército, Davi orquestra sua morte ao enviá-lo para a linha de frente da batalha, onde ele é morto.

Como consequência do pecado, o primeiro filho de Davi e Bate-Seba morre logo após o nascimento. Esse momento de dor é significativo na história de ambos, marcando um ponto de mudança e arrependimento na vida de Davi.

Apesar das tragédias, Deus abençoa Davi e Bate-Seba com outro filho, Salomão, que viria a ser um dos maiores reis de Israel. Após a ascensão de Salomão ao trono, Bate-Seba tornase a rainha-mãe, uma posição de grande influência na corte real de Israel. Ela era respeitada por seu filho, e sua posição lhe conferia grande autoridade. Bate-Seba é uma personagem bíblica complexa, cuja vida foi marcada por tragédias e vitórias. Ela desempenhou um papel crucial na história de Israel como a mãe do rei Salomão e uma figura importante na linhagem messiânica. Sua história nos oferece lições poderosas sobre arrependimento, redenção e o papel significativo que as mulheres podem desempenhar, mesmo nas circunstâncias mais difíceis.

> *Abigail floresceu em meio ao caos, usando sua sabedoria e coragem para transformar conflito em paz, mostrando que a verdadeira força nasce da fé e discernimento.*

Semana 26

Devoção & Oração

LEITURA DA SEMANA
2 Samuel 11-12
1 Reis 1-2
Salmo 51

A história de Bate-Seba é um testemunho de como a vida pode nos levar por caminhos inesperados, onde o sofrimento e a graça se encontram. Ela foi envolvida em uma trama de poder, desejo e arrependimento, mas sua trajetória não foi definida por esses momentos. Bate-Seba, mesmo em meio à dor da perda e à complexidade das circunstâncias, demonstrou uma força que a elevou de uma posição de vulnerabilidade para uma de influência e redenção.

Sua vida nos ensina que, mesmo quando o caos nos cerca, Deus pode reescrever nossas histórias. Bate-Seba passou da dor de perder um filho para ser a mãe de Salomão, o rei mais sábio de Israel. Ela nos lembra que o destino de uma mulher não está determinado pelas tragédias que enfrenta, mas pela forma como ela escolhe confiar em Deus em meio às tempestades.

Para nós, mulheres, Bate-Seba nos ensina a arte de renascer. Assim como ela foi transformada por sua fé e resiliência, somos convidadas a abraçar a certeza de que Deus pode nos redimir, independentemente de nosso passado. Ele transforma o que foi quebrado em algo belo, dando-nos a chance de florescer novamente, mesmo nos desertos da vida.

Que possamos, como Bate-Seba, entender que nossa verdadeira força não está em evitar a dor, mas em como nos levantamos e permitimos que Deus use nossa história para algo maior, algo que toque a eternidade.

Semana 26

Pausa & Reflexão

Dia

01 Como você lida com as adversidades e desafios que surgem inesperadamente em sua vida?

---

02 Leia Jeremias 29:11 e reflita. Apesar das circunstâncias difíceis, Deus tinha planos para Bate-Seba que iam além do seu presente. Você consegue ver a mão de Deus guiando sua história, mesmo quando as circunstâncias são difíceis de entender?

---

03 "Se confessarmos os nossos pecados, ele é fiel e justo para nos perdoar os pecados e nos purificar de toda injustiça." (1 João 1:9). Você já experimentou a graça de Deus que transforma situações de erro e arrependimento em redenção?

---

04 Como você usa sua influência para impactar a vida das pessoas ao seu redor?

---

05 Como você pode florescer espiritualmente em meio a desafios, permitindo que Deus transforme sua vida e história?

Semana 26

Local

(Preencha com o local de seu momento devocional)

Checklist

Atividade	Data
☐ Leitura	____/____/____
☐ Dia 1	____/____/____
☐ Dia 2	____/____/____
☐ Dia 3	____/____/____
☐ Dia 4	____/____/____
☐ Dia 5	____/____/____
☐ Aplicação	____/____/____
☐ Oração	____/____/____

Semana 26

Reflexão

Tire um momento de pausa a cada dia da semana para meditar e refletir por meio das perguntas sugeridas. Use este espaço para anotar suas respostas.

Semana 26

Aplicação

O que você aprendeu com essa mulher da Bíblia e como pode aplicar esses ensinamentos em sua vida?

Semana 26

Oração

Use este espaço para escrever sua oração.

Semana 27

DATA DA SUA HISTÓRIA:
966 a.C.

LOCALIZAÇÃO EM QUE VIVEU
Sabá

Sobre a Rainha de Sabá

SABEDORIA · GENEROSIDADE · HUMILDADE

Ela é famosa por sua visita ao rei Salomão para testar sua sabedoria e conhecer sua riqueza e poder. Sua história tem um impacto significativo tanto no contexto bíblico quanto em tradições culturais e religiosas posteriores. Na Bíblia, ela é referida simplesmente como a Rainha de Sabá. Seu nome pessoal não é mencionado nos textos sagrados, mas em outras tradições, como na etíope, ela é chamada de Makeda.

A Rainha de Sabá ouviu falar da extraordinária sabedoria de Salomão, que governava Israel com prosperidade e justiça, e viajou para Jerusalém com uma grande comitiva para testar sua sabedoria com perguntas difíceis. Ela chegou com uma caravana de camelos carregados de ouro, especiarias e pedras preciosas para presentear Salomão.

Jesus menciona a Rainha de Sabá no Evangelho de Mateus (12:42) e em Lucas (11:31), chamando-a de "Rainha do Sul". Ele a elogia por ter viajado grandes distâncias para ouvir a sabedoria de Salomão, enquanto os líderes de seu tempo não reconheciam a grandeza de alguém maior que Salomão, referindo-se a si mesmo.

Embora governasse um reino poderoso, a Rainha de Sabá mostrou humildade ao viajar para aprender com Salomão, reconhecendo que havia algo a ser aprendido e admirado fora de seu próprio reino.

A Rainha de Sabá é uma personagem bíblica que exemplifica a busca pela sabedoria, a generosidade e o reconhecimento da grandeza de Deus. Sua visita ao rei Salomão deixou uma marca profunda na história de Israel e na tradição judaico-cristã. Sua humildade em aprender, sua admiração pela sabedoria divina e sua generosidade a tornaram uma figura notável e uma inspiração para aqueles que buscam a verdadeira sabedoria.

A Rainha de Sabá floresceu na busca pela sabedoria, demonstrando que a verdadeira grandeza vem de um coração humilde e disposto a aprender e reconhecer a mão de Deus.

Semana 27

Devoção & Oração

LEITURA DA SEMANA
1 Reis 10:1-13
2 Crônicas 9:1-12

A Rainha de Sabá nos ensina sobre a beleza da busca incansável por sabedoria e verdade. Ela, uma rainha poderosa e rica, poderia ter permanecido em seu reino, satisfeita com suas posses e seu conhecimento. Mas, em vez disso, escolheu viajar grandes distâncias para encontrar algo maior: sabedoria divina. Sua jornada não foi apenas física, mas espiritual, uma busca profunda por respostas que sua posição e riquezas não poderiam lhe oferecer.

Ao se encontrar com Salomão, ela não só foi impressionada por sua sabedoria, mas também reconheceu a presença de algo maior, a mão de Deus agindo por trás de toda aquela prosperidade. Sua humildade em aprender, mesmo sendo uma rainha, reflete que o verdadeiro florescer não está na grandeza externa, mas na disposição de buscar e reconhecer a verdade, onde quer que ela esteja.

Para nós, mulheres, a Rainha de Sabá nos lembra que, independentemente de nossa posição ou conquistas, sempre há espaço para crescer e aprender. Sua jornada nos desafia a sair de nossas zonas de conforto, a buscar o que é eterno e a ter a coragem de fazer perguntas difíceis, buscando respostas que nos aproximem de Deus.

Assim como a Rainha de Sabá, podemos crescer quando abraçamos a sabedoria divina, quando reconhecemos que nossa maior riqueza não está no que possuímos, mas naquilo que buscamos aprender. Que tenhamos a mesma coragem de procurar, a mesma generosidade de dar, e a mesma humildade de reconhecer a grandeza de Deus em nossas vidas.

Semana 27

Pausa & Reflexão

Dia 01 — A sabedoria é a coisa principal; adquire, pois, a sabedoria, e com tudo o que possuis adquire o entendimento." (Provérbios 4:7). Assim como a Rainha de Sabá viajou para ouvir a sabedoria de Salomão, como você pode fazer da busca pela sabedoria uma prioridade em sua vida?

---

02 — Como você reage quando vê a obra de Deus na vida dos outros? Reconhece a mão de Deus nas bênçãos que Ele concede?

---

03 — A Rainha de Sabá deu presentes generosos a Salomão. Como você pode praticar a generosidade com os dons que Deus lhe deu?

---

04 — Leia Tiago 4:10 e reflita: Você tem humildade para aprender, mesmo quando já alcançou uma posição de destaque ou conhecimento?

---

05 — "Mas a sabedoria que vem do alto é, primeiramente, pura; depois pacífica, moderada, tratável, cheia de misericórdia e de bons frutos, sem parcialidade e sem hipocrisia." (Tiago 3:17). Você reconhece que a verdadeira sabedoria vem de Deus? Como você pode depender mais da sabedoria divina em suas decisões?

Semana 27

Local

_____

(Preencha com o local de seu momento devocional)

Checklist

Atividade	Data
☐ Leitura	____/____/____
☐ Dia 1	____/____/____
☐ Dia 2	____/____/____
☐ Dia 3	____/____/____
☐ Dia 4	____/____/____
☐ Dia 5	____/____/____
☐ Aplicação	____/____/____
☐ Oração	____/____/____

Semana 27

Reflexão

Tire um momento de pausa a cada dia da semana para meditar e refletir por meio das perguntas sugeridas. Use este espaço para anotar suas respostas.

Reflexão | Rainha de Sabá

Semana 27

Aplicação

O que você aprendeu com essa mulher da Bíblia e como pode aplicar esses ensinamentos em sua vida?

Semana 27

Oração

Use este espaço para escrever sua oração.

Semana 28

DATA DA SUA HISTÓRIA:
863 a.C.

LOCALIZAÇÃO EM QUE VIVEU
Sarepta

Sobre a Viúva de Sarepta

FÉ · OBEDIÊNCIA · CORAGEM

A Viúva de Sarepta é uma personagem bíblica mencionada durante o ministério do profeta Elias. Sua história é uma narrativa poderosa de fé, obediência e provisão divina, ocorrendo durante uma grande seca e fome em Israel.

A viúva aparece brevemente, mas sua interação com Elias é rica em significados e lições espirituais. Ela vivia em Sarepta, uma cidade fenícia na região de Sidom, fora de Israel, o que torna notável o fato de Deus enviar Elias para uma mulher que não fazia parte do povo israelita.

Deus ordenou a Elias que fosse a Sarepta, ao chegar, Elias encontrou a viúva colhendo gravetos. Quando ele pediu água e um pedaço de pão, a viúva revelou sua situação desesperadora: ela só tinha um pouco de farinha e azeite suficientes para fazer uma última refeição para ela e seu filho, e depois disso esperava morrer de fome.

Apesar da situação crítica, Elias pediu que ela fizesse primeiro um pão para ele, prometendo que Deus não deixaria a farinha e o azeite acabarem até que a chuva voltasse à terra. A viúva, em obediência, seguiu a instrução de Elias. Como prometido, o pouco de farinha e azeite que ela possuía nunca se esgotou durante o restante da seca. Esse milagre garantiu a sobrevivência de Elias, da viúva e de seu filho durante a fome.

Após o milagre da multiplicação, o filho da viúva ficou gravemente doente e morreu. A viúva, em sua dor, questionou Elias, sugerindo que sua presença talvez trouxesse juízo sobre ela por algum pecado passado. Esta reação reflete o desespero e a vulnerabilidade da viúva, bem como o temor de ser abandonada por Deus.

Elias tomou o corpo do menino, levou-o ao seu quarto, e orou a Deus pedindo a vida da criança de volta. O Senhor ouviu a oração de Elias, e o menino foi ressuscitado. Quando Elias devolveu o menino à sua mãe, a viúva declarou: "Agora sei que tu és homem de Deus, e que a palavra do Senhor na tua boca é verdade". Este momento marcou a confirmação da fé da viúva, que experimentou a provisão e o poder de Deus em um nível profundo e pessoal.

A viúva de Sarepta floresceu em meio à escassez, mostrando que a fé e a obediência a Deus podem transformar a maior adversidade em abundância.

Semana 28

Devoção
& Oração

LEITURA DA SEMANA
1 Reis 17:8-24

A história da viúva de Sarepta é um convite profundo à reflexão sobre fé, entrega e provisão divina. Imagine-se naquela mulher, que, em meio à escassez e ao desespero, viu-se diante de um desafio: confiar o pouco que tinha, entregar suas últimas migalhas e acreditar na palavra de um profeta. O que passa pelo coração de uma mãe que vê seus recursos se esvaindo, mas ainda assim escolhe acreditar?

Essa viúva, em sua simplicidade e aparente fragilidade, nos revela a força oculta de quem ousa confiar em Deus. Quantas vezes também somos confrontadas com o medo da falta, seja de recursos, de esperança ou de força? E, mesmo assim, somos chamadas a entregar o que temos, a abrir mão de nosso controle, acreditando que o Senhor proverá.

Há um mistério sagrado na obediência dessa mulher. Ela não apenas obedece; ela age com coragem, enfrentando as incertezas. E nesse ato de entrega, Deus se manifesta. O azeite não se acaba, a farinha não falta, e o milagre da provisão vem no tempo certo.

E a história não termina com a multiplicação do azeite e da farinha. O milagre se desdobra de forma ainda mais profunda e poderosa quando seu filho, sua esperança e sua alegria, adoece e morre. Imagina o coração daquela mãe se partindo, vendo o que lhe restava de vida ser levado pelas sombras da morte. A dor era imensurável, o desespero quase insuportável. Como uma mulher que já enfrentou tantas perdas, agora ela encara o vazio da maior de todas: a perda de um filho. Mas o que ela talvez não soubesse é que, no fundo da sua dor, Deus ainda estava trabalhando. Elias, o homem de Deus, leva seu clamor até o Senhor, e ali, no silêncio da casa, o impossível acontece. O filho da viúva, aquele que já não tinha mais fôlego, recebe de volta a vida. Aquele que estava perdido é ressuscitado. A mãe, que já não tinha forças, vê com seus próprios olhos o milagre da ressurreição.

Esse momento nos ensina que, mesmo nas situações mais sombrias, Deus tem poder sobre a morte, sobre a dor, sobre aquilo que pensamos estar perdido para sempre. O milagre da viúva de Sarepta não foi apenas de provisão material, mas de ressurreição de esperança. Seu filho, que ela julgava perdido, foi devolvido a ela, vivo e cheio de futuro.

Que essa história inspire nossos corações a confiar plenamente no poder de Deus, que não apenas sustenta, mas também restaura, cura e traz de volta à vida o que havíamos perdido. Em Suas mãos, até a morte se transforma em vida, e o desespero em esperança renovada.

Semana 28

Pausa & Reflexão

Dia

01 Leia Filipenses 4:19 e reflita: Como a minha fé se comporta diante da escassez e das dificuldades?

---

02 A viúva deu a Elias o que seria sua última refeição. Jesus também ensinou sobre o poder da entrega em Lucas 21:1-4, quando a viúva pobre entregou duas pequenas moedas, tudo o que possuía. Estou disposta a dar, confiando que Deus multiplicará?

---

03 Em João 11:25, Jesus diz: "Eu sou a ressurreição e a vida". Quando o filho da viúva adoeceu e morreu, ela foi tomada pela dor, mas Deus agiu em sua vida. Como reajo diante das crises inesperadas?

---

04 Consigo ver a mão de Deus operando, mesmo nas circunstâncias mais difíceis?

---

05 Em Isaías 55:8-9, somos lembrados de que os pensamentos de Deus são mais elevados que os nossos. Estou pronta para obedecer, mesmo quando não entendo totalmente os planos de Deus?

Semana 28

Local

(Preencha com o local de seu momento devocional)

Checklist

	Atividade	Data
☐	Leitura	____/____/____
☐	Dia 1	____/____/____
☐	Dia 2	____/____/____
☐	Dia 3	____/____/____
☐	Dia 4	____/____/____
☐	Dia 5	____/____/____
☐	Aplicação	____/____/____
☐	Oração	____/____/____

Semana 28

Reflexão

Tire um momento de pausa a cada dia da semana para meditar e refletir por meio das perguntas sugeridas. Use este espaço para anotar suas respostas.

Semana 28

Aplicação

O que você aprendeu com essa mulher da Bíblia e como pode aplicar esses ensinamentos em sua vida?

_____
_____
_____
_____
_____
_____
_____
_____
_____
_____
_____
_____
_____
_____
_____
_____
_____
_____
_____
_____
_____
_____
_____
_____
_____
_____
_____
_____

Aplicação | Viúva de Sarepta

Semana 28

Oração

Use este espaço para escrever sua oração.

Semana 29

DATA DA
SUA HISTÓRIA:
851 a.C.

LOCALIZAÇÃO
EM QUE VIVEU
Suném

Sobre a Mulher Sunamita

FÉ · HOSPITALIDADE · SABEDORIA

A mulher sunamita era uma mulher rica e influente que vivia em Suném, uma cidade de Issacar, no norte de Israel. Quando o profeta Eliseu frequentemente passava por sua cidade, ela demonstrou hospitalidade convidando-o para refeições e, posteriormente, decidiu, juntamente com seu marido, construir um quarto para ele em sua casa. Esse gesto revela não apenas sua generosidade, mas também seu desejo de apoiar o ministério de um homem de Deus.

Como agradecimento por sua generosidade, Eliseu, desejando retribuir, perguntou à mulher o que poderia fazer por ela. Embora ela não pedisse nada em troca, Eliseu, conhecendo seu coração, prometeu que ela teria um filho, mesmo sendo ela estéril e seu marido já idoso. milagre aconteceu conforme a palavra do profeta, e ela deu à luz um menino.

Quando o menino cresceu, ele adoeceu subitamente e morreu nos braços de sua mãe. Em um ato de fé, a mulher sunamita não lamentou, mas partiu rapidamente em busca de Eliseu, acreditando que ele poderia trazer seu filho de volta à vida. Ela não descansou até que o profeta retornasse com ela. Eliseu orou ao Senhor e ressuscitou o menino, trazendo-o de volta à sua mãe.

Mais tarde, em outra fase da vida, Eliseu advertiu a mulher sunamita sobre uma fome que devastaria a terra por sete anos e aconselhou-a a partir com sua família para outro lugar. Ela obedeceu prontamente, demonstrando sabedoria e confiança nas palavras do profeta. Após os sete anos, quando ela retornou, procurou o rei para recuperar suas propriedades.

Providencialmente, o servo do rei estava contando ao monarca sobre os milagres de Eliseu, incluindo a ressurreição do filho da mulher sunamita. O rei, impressionado, restaurou todas as suas terras e colheitas.

Essa história ensina sobre o poder da fé, a importância de reconhecer e apoiar a obra de Deus, e o valor de uma vida centrada na confiança nas promessas divinas.

Assim como uma flor que floresce em meio ao deserto, a mulher sunamita revela que, com fé e coragem, é possível florescer até nas circunstâncias mais desafiadoras, confiando sempre no Deus dos milagres.

Sobre | Mulher Sunamita

Semana 29

Devoção
& Oração

> LEITURA DA SEMANA
> 2 Reis 4:8-37
> 2 Reis 8:1-6

A história da mulher sunamita nos convida a refletir sobre a força silenciosa, a fé inabalável e o poder do amor materno que surge em meio às dificuldades. Ela não era apenas uma mulher rica de posses materiais, mas rica em espírito, hospitalidade e sabedoria. Assim como a Rainha de Sabá, podemos crescer quando abraçamos a sabedoria divina, reconhecendo que nossa maior riqueza não está no que possuímos, mas naquilo que buscamos aprender.

Ela não pediu nada quando Eliseu quis retribuir sua bondade, mas Deus conhecia o desejo secreto do seu coração: um filho. Quantas de nós guardamos em silêncio nossos sonhos, nossas esperanças escondidas, crendo que talvez não seja o tempo ou que o milagre não virá? A mulher sunamita nos ensina que Deus vê o que guardamos em nosso íntimo, e no momento certo, Ele faz o impossível acontecer.

Mas, como toda mulher sabe, a alegria e a dor muitas vezes caminham lado a lado. Quando o filho tão esperado da sunamita adoeceu e morreu, ela não se entregou ao desespero. Sua fé a impulsionou a agir, a buscar a fonte do milagre. Ela não aceitou a perda como definitiva. E aqui está um dos ensinamentos mais profundos: mesmo quando tudo parece perdido, ainda podemos correr para Deus, acreditando que Ele pode restaurar o que foi quebrado. Como ela, devemos ter coragem para ir até a fonte da vida, o Deus que ressuscita esperanças, sonhos e até vidas.

A história da mulher sunamita nos lembra que ser mulher é também ser guerreira, é acreditar quando ninguém mais acredita, é proteger o que nos foi dado com unhas e dentes, mas com o coração cheio de fé. Ela não foi passiva diante da dor. Ela correu até o profeta, sem queixas, mas com determinação, sabendo que Deus ainda poderia agir.

Essa história é um convite à coragem e à confiança. Quantas vezes a vida nos oferece desafios que parecem ser o fim? Seja a perda de um sonho, uma oportunidade, ou mesmo a dor mais profunda no coração de uma mãe ou filha, somos chamadas a continuar confiando que Deus pode fazer renascer o que parecia estar morto. Assim como a sunamita, devemos seguir adiante, crendo que há vida e esperança na presença de Deus.

Floresça em meio às tempestades, floresça em meio às lágrimas, floresça com fé inabalável. Porque o Deus que ressuscitou o filho da sunamita é o mesmo Deus que pode transformar a sua dor em milagre.

Semana 29

Pausa & Reflexão

Dia 01 — A mulher sunamita acolheu Eliseu com generosidade, sem pedir nada em troca. Em Hebreus 13:2, somos incentivadas a "não nos esquecer da hospitalidade, pois alguns, praticando-a, sem o saber acolheram anjos". Como posso viver essa hospitalidade em minha vida diária, sendo generosa sem expectativas?

---

02 — Eu confio que Deus conhece meus desejos mais profundos, mesmo quando não os verbalizo?

---

03 — Em Jeremias 29:13, Deus diz: "Vocês me procurarão e me acharão quando me procurarem de todo o coração". Como posso buscar a Deus com todo o meu coração, especialmente nas circunstâncias difíceis?

---

04 — Como posso fortalecer minha fé na ressurreição e no poder de Deus para restaurar o que parecia perdido?

---

05 — Leia Provérbios 3:5-6 e reflita: Como posso obedecer e confiar nas orientações de Deus, mesmo quando não compreendo o propósito completo?

Semana 29

Local

_____

(Preencha com o local de seu momento devocional)

Checklist

	Atividade	Data
☐	Leitura	____/____/____
☐	Dia 1	____/____/____
☐	Dia 2	____/____/____
☐	Dia 3	____/____/____
☐	Dia 4	____/____/____
☐	Dia 5	____/____/____
☐	Aplicação	____/____/____
☐	Oração	____/____/____

Semana 29

Reflexão

Tire um momento de pausa a cada dia da semana para meditar e refletir por meio das perguntas sugeridas. Use este espaço para anotar suas respostas.

Reflexão | Mulher Sunamita

Semana 29

Aplicação

O que você aprendeu com essa mulher da Bíblia e como pode aplicar esses ensinamentos em sua vida?

Semana 29

Oração

Use este espaço para escrever sua oração.

Semana 30

DATA DA SUA HISTÓRIA:
640 a.C.

LOCALIZAÇÃO EM QUE VIVEU
Jerusalém

Sobre Hulda

SABEDORIA · CORAGEM · INFLUÊNCIA

Hulda é uma profetisa mencionada na Bíblia, especialmente no contexto da reforma religiosa promovida pelo rei Josias. Durante o reinado de Josias, o sacerdote Hilquias encontrou o Livro da Lei no Templo. Diante da descoberta e preocupado com as implicações do que estava escrito, Josias pediu que seus oficiais consultassem o Senhor. Hulda, uma profetisa respeitada, foi consultada e ela entregou uma mensagem de juízo sobre Judá por causa da desobediência do povo, mas também de misericórdia para Josias, que havia se arrependido e buscado o Senhor de todo o coração.

Ela era casada com Salum, que trabalhava como guardião das vestes reais, um papel de destaque na corte. Hulda é uma figura poderosa que, apesar de sua breve menção na Bíblia, desempenha um papel fundamental no avivamento espiritual de Israel sob Josias.

Sua coragem em falar a verdade e seu discernimento espiritual servem como exemplo de liderança e obediência a Deus.

A história de Hulda nos ensina sobre a importância de ouvir e respeitar a voz de Deus, mesmo quando ela traz advertências severas. Hulda se destaca como uma mulher forte, sábia e espiritualmente sensível, sendo um exemplo de liderança para as mulheres de fé ao longo dos tempos.

Hulda, com sua sabedoria e coragem, fez florescer a verdade de Deus em meio à escuridão, trazendo direção e transformação para toda uma nação.

Semana 30

Devoção & Oração

LEITURA DA SEMANA
2 Reis 22:14-2
2 Crônicas 34:22-28

Hulda, uma profetisa respeitada em meio a uma sociedade patriarcal, ousou levantar-se com graça e coragem para ser a voz de Deus em um tempo de escuridão espiritual. Ela nos ensina que não é necessário ocupar uma posição de poder para ser uma mulher de influência, pois o verdadeiro poder reside no conhecimento da Palavra e na obediência à voz divina.

A vida muitas vezes exige de nós a sabedoria para interpretar os tempos, a coragem para falar a verdade e a sensibilidade espiritual para ouvir a voz de Deus. Hulda não se destacou por sua força física ou posição social, mas por sua intimidade com o Senhor, o que a tornou um instrumento valioso no plano de renovação espiritual de Israel.

Sua voz não tremeu quando foi chamada a transmitir uma mensagem de juízo ao rei Josias e à sua corte. Hulda sabia que a verdade, mesmo quando dura, é libertadora. Ela nos lembra que há momentos em que precisamos nos posicionar, mesmo que as palavras pesem. Deus confiou a ela o discernimento, e ela o exerceu com humildade e firmeza.

Hulda nos ensina que a sabedoria floresce no coração de quem busca a Deus com profundidade. Não é necessário ser a mais visível, a mais celebrada, para fazer a diferença. Hulda nos inspira a sermos mulheres que cultivam a verdade, que têm raízes profundas na fé, que conhecem a Palavra e se tornam referências em momentos de dúvida e crise. Somos chamadas a ser vozes de paz e de direcionamento, ainda que nossos nomes não ecoem nos grandes palácios da fama, mas no coração daqueles que nos ouvem.

Que possamos ser mulheres como Hulda, que crescem em sabedoria e coragem, dispostas a ouvir e falar com a autoridade que vem do Senhor. Que nossa vida seja marcada pela verdade, pela coragem de enfrentar os desafios com fé, e pela confiança de que Deus usa aqueles que O buscam de todo o coração, independentemente de suas circunstâncias. Hulda nos lembra que uma voz alinhada ao coração de Deus pode mudar o rumo de uma nação – ou de uma vida.

Semana 30

Pausa & Reflexão

Dia

01 Leia Jeremias 33:3 e reflita: Como posso cultivar uma intimidade com Deus para ser sensível à Sua voz e às Suas orientações?

02 Hulda não hesitou em transmitir uma mensagem de juízo. Em Efésios 4:15, Paulo nos encoraja a "falar a verdade em amor". Como posso compartilhar a verdade de Deus de maneira amorosa, mesmo quando for difícil?

03 Estou usando minha influência para guiar outros no caminho da verdade e da justiça?

04 Tiago 1:5 nos lembra: "Se algum de vós tem falta de sabedoria, peça-a a Deus, que a todos dá liberalmente". Tenho buscado sabedoria e discernimento para interpretar e responder às situações que surgem na minha vida?

05 Estou disposta a ser usada por Deus, mesmo que minha contribuição pareça pequena aos olhos humanos?

Semana 30

Local

(Preencha com o local de seu momento devocional)

Checklist

Atividade	Data
☐ Leitura	____/____/____
☐ Dia 1	____/____/____
☐ Dia 2	____/____/____
☐ Dia 3	____/____/____
☐ Dia 4	____/____/____
☐ Dia 5	____/____/____
☐ Aplicação	____/____/____
☐ Oração	____/____/____

Semana 30

Reflexão

Tire um momento de pausa a cada dia da semana para meditar e refletir por meio das perguntas sugeridas. Use este espaço para anotar suas respostas.

Semana 30

Aplicação

O que você aprendeu com essa mulher da Bíblia e como pode aplicar esses ensinamentos em sua vida?

Semana 30

Oração

Use este espaço para escrever sua oração.

Semana 31

DATA DA
SUA HISTÓRIA:
486 a.C.

LOCALIZAÇÃO
EM QUE VIVEU
Pérsia

Sobre Vasti

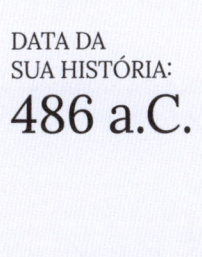

DIGNIDADE · CORAGEM · INTEGRIDADE

Vasti era a rainha de Assuero, o rei do império persa. No terceiro ano do reinado de Assuero, ele organizou uma grande festa que durou 180 dias, celebrando suas riquezas e poder. Após esse período, o rei ofereceu um banquete de sete dias para todos os habitantes da capital, Susã, tanto grandes quanto pequenos.

No último dia do banquete, o rei, já embriagado, ordenou que a rainha Vasti fosse trazida diante dos convidados para exibir sua beleza, "pois ela era muito formosa". Vasti, porém, recusou-se a obedecer ao rei, o que provocou grande indignação. Assuero, aconselhado, destituiu Vasti de sua posição como rainha. A justificativa era que sua desobediência poderia incitar outras mulheres a desrespeitarem seus maridos.

Como resultado da recusa de Vasti, Assuero emitiu um decreto real que não apenas a depôs de sua posição, mas também determinou que todas as mulheres do reino deveriam respeitar seus maridos. Vasti foi afastada, e a busca por uma nova rainha começou. Esse evento abriu caminho para que Ester fosse escolhida e se tornasse a nova rainha.

Vasti é lembrada por sua dignidade, coragem e o preço que pagou por sua decisão. Embora sua participação seja curta, ela é uma figura de força e integridade no contexto da história bíblica, destacando-se como uma mulher que não permitiu ser objetificada, mesmo em um ambiente onde as ordens do rei eram absolutas.

> *Vasti floresceu em sua dignidade, recusando-se a ser subjugada, mostrando que a verdadeira força de uma mulher está em preservar sua honra, mesmo ao custo do trono."*

Semana 31

Devoção
& Oração

LEITURA DA SEMANA
Ester 1:1-22

Embora sua menção na Bíblia seja breve, o eco de sua decisão ressoa por meio dos tempos como um lembrete poderoso para todas as mulheres. Vasti se recusou a ser vista como um objeto, uma mera exibição de beleza, e, ao fazê-lo, mostrou que a verdadeira realeza não está apenas no trono, mas na alma que brilha com integridade.

Vasti, diante do pedido do rei Assuero, tomou uma decisão ousada. Ela poderia ter se submetido, ter seguido o protocolo da corte e mantido sua coroa. Mas, em vez disso, escolheu a integridade sobre o poder, a dignidade sobre o privilégio.

Ela representa a voz de muitas mulheres que, em silêncio, dizem "não" a serem definidas por aparências ou expectativas externas. Sua coragem em dizer 'não' ao rei nos ensina que o valor de uma mulher não está em sua conformidade com o que o mundo espera, mas em sua capacidade de ser fiel a si mesma e a seus princípios. Em um mundo que muitas vezes nos pede para abaixarmos a cabeça, Vasti ergueu a sua com coragem.

A história de Vasti nos desafia a refletir: Quais são as coroas que estamos dispostas a sacrificar por nossa integridade? Em que áreas da vida precisamos dizer "não" para florescer como mulheres de força, dignidade e coragem? O poder de Vasti não estava em sua coroa, mas em sua capacidade de preservar sua honra, mesmo quando isso significava perder tudo o que o mundo considerava importante.

Seu "não" abriu caminho para outra mulher, Ester, cumprir o plano de Deus para salvar seu povo. Isso nos ensina que mesmo quando parece que estamos perdendo, nossas decisões corajosas podem abrir espaço para que algo maior surja, para que outras vozes se levantem e outros planos divinos se desenrolem.

Cresçamos como Vasti, com raízes profundas em nossa dignidade e com a coragem de desafiar as expectativas que não refletem nosso verdadeiro valor. Porque, no final, é a integridade que sustenta nossa beleza, e a coragem que revela nossa força.

Semana 31

Pausa & Reflexão

Dia

01 Vasti recusou ser exibida como um objeto, mesmo sabendo que isso lhe custaria a posição de rainha. Mateus 16:26 pergunta: "Pois que aproveitará o homem se ganhar o mundo inteiro e perder a sua alma?". Como posso valorizar minha integridade acima das recompensas temporais?

02 Como lido com a pressão social ou familiar quando sou desafiada a agir contra meus princípios?

03 Leia Gálatas 1:10 e reflita: Tenho coragem de dizer "não" quando necessário, mesmo que isso seja impopular ou difícil?

04 Vasti perdeu sua coroa, mas preservou sua dignidade. Salmos 139:14 diz: "Eu te louvo porque me fizeste de modo especial e admirável". Como posso viver a cada dia com a consciência de que meu valor vem de Deus e não das posições que ocupo?

05 Provérbios 31:25 descreve a mulher virtuosa: "Força e dignidade são os seus vestidos". Como posso ser um exemplo de força e dignidade para aqueles ao meu redor?

Semana 31

Local

_____
(Preencha com o local de seu momento devocional)

Checklist

Atividade	Data
☐ Leitura	____/____/____
☐ Dia 1	____/____/____
☐ Dia 2	____/____/____
☐ Dia 3	____/____/____
☐ Dia 4	____/____/____
☐ Dia 5	____/____/____
☐ Aplicação	____/____/____
☐ Oração	____/____/____

Semana 31

Reflexão

Tire um momento de pausa a cada dia da semana para meditar e refletir por meio das perguntas sugeridas. Use este espaço para anotar suas respostas.

Semana 31

Aplicação

O que você aprendeu com essa mulher da Bíblia e como pode aplicar esses ensinamentos em sua vida?

Semana 31

Oração

Use este espaço para escrever sua oração.

Semana 32

DATA DA SUA HISTÓRIA:
478 a.C.

LOCALIZAÇÃO EM QUE VIVEU
Pérsia

Sobre Ester

CORAGEM · SABEDORIA · FÉ

A história de Ester é uma das mais conhecidas e inspiradoras da Bíblia, e está registrada no Livro de Ester, no Antigo Testamento. O livro de Ester, composto por 10 capítulos, narra a história dessa jovem judia que se tornou rainha da Pérsia e salvou seu povo de um plano de extermínio. Ester viveu durante o reinado de Assuero, no império persa, após o exílio babilônico dos judeus.

Ester, cujo nome hebraico era Hadassa, era uma órfã criada por seu primo Mardoqueu. Quando a rainha Vasti foi deposta por se recusar a obedecer ao rei Assuero, um concurso foi realizado para escolher uma nova rainha, e Ester, por sua beleza e graça, foi selecionada, embora mantivesse em segredo sua origem judia por instrução de Mardoqueu.

Um homem chamado Hamã, que era o principal conselheiro do rei, elaborou um plano para exterminar os judeus em todo o império persa, motivado por seu ódio a Mardoqueu, que se recusava a lhe prestar homenagem. Quando Ester soube do plano de Hamã, Mardoqueu pediu que ela intercedesse junto ao rei.

Inicialmente, Ester hesitou, pois sabia que entrar na presença do rei sem ser convocada poderia resultar em sua morte. No entanto, Mardoqueu a lembrou de que talvez ela tivesse sido colocada naquela posição "para um tempo como este", uma das passagens mais famosas do livro. Ester, então, decidiu arriscar sua vida, pedindo que seu povo jejuasse e orasse por três dias antes de ela se apresentar ao rei.

Ester corajosamente foi até o rei e o convidou, junto a Hamã, para dois banquetes. No segundo banquete, ela revelou sua identidade judaica e expôs o plano maligno de Hamã, que resultou em sua execução. O decreto de Hamã foi revertido, e os judeus puderam se defender de seus inimigos, resultando em sua salvação.

A vitória dos judeus sobre seus inimigos foi comemorada com a instituição da festa de Purim, que é celebrada até os dias de hoje pelos judeus, como recordação do livramento de seu povo, por meio da coragem e sabedoria de Ester.

Em resumo, Ester é um exemplo de uma mulher que, apesar de suas circunstâncias, usou sua posição de influência para o bem, mostrando que Deus trabalha por meio de pessoas dispostas a confiar e obedecer a Ele.

Ester floresceu em meio à adversidade, usando sua coragem e fé para salvar seu povo, mostrando que até nas situações mais sombrias, Deus faz a justiça florescer.

Semana 32

Devoção & Oração

LEITURA DA SEMANA
Livro de Ester

A história de Ester é como um jardim secreto que surge no deserto, revelando a força e a beleza de uma mulher chamada a mudar o destino de seu povo. Ester não foi apenas escolhida por sua aparência, mas pelo propósito divino que pulsava em seu coração. Ela, uma jovem órfã, tornada rainha, precisou de coragem e fé para crescer no lugar em que Deus a plantou.

Ester poderia ter se escondido em sua posição de privilégio, ignorando o sofrimento de seu povo. No entanto, ela ouviu o chamado mais profundo de seu coração, aquele sussurro divino que a lembrava de que sua beleza e posição tinham um propósito muito maior: salvar vidas.

"Quem sabe se não foi para um tempo como este que você chegou à posição de rainha?" (Ester 4:14). Estas palavras ecoam para cada uma de nós, desafiando-nos a refletir sobre os lugares e as situações em que estamos agora. Talvez não estejamos em um palácio, mas estamos em um lugar único, com uma voz única, e Deus pode usar nossa influência para transformar realidades.

Ester, antes de agir, se recolheu para jejuar e buscar a Deus. Ela nos ensina que a verdadeira força não está em ações impulsivas, mas em uma fé que se enraíza na presença de Deus. Ao jejuar e orar, ela encontrou não apenas coragem, mas também sabedoria para agir no momento certo, de forma estratégica e sem pressa.

Ela enfrentou o risco de morte, pois se aproximar do rei sem ser chamada era uma sentença de vida ou morte. No entanto, Ester nos ensina que quando Deus nos chama a agir, devemos colocar nossa confiança n'Ele, sabendo que nossa vida está em Suas mãos. Sua coragem não vinha da ausência de medo, mas da certeza de que, ao servir a um propósito maior, ela estava nas mãos do Deus Todo-Poderoso.

A história de Ester é um convite para cada uma de nós florescer onde Deus nos plantou. Mesmo quando sentimos medo, incerteza ou falta de poder, Deus nos chama a sermos instrumentos de Sua justiça, graça e amor.

Semana 32

Pausa & Reflexão

Dia

01 Ester 4:14 diz: "Quem sabe se não foi para um momento como este que você chegou à posição de rainha?". Estou preparada para abraçar o propósito que Deus tem para mim, mesmo que ele exija sacrifício?

02 Como posso buscar a direção de Deus antes de tomar decisões importantes?

03 Ester foi corajosa ao se apresentar ao rei sem ser chamada, sabendo que isso poderia custar sua vida. Salmos 56:3 diz: "Em qualquer tempo em que eu temer, confiarei em ti". Confio em Deus o suficiente para enfrentar os riscos que aparecem diante de mim, sabendo que Ele está no controle?

04 Leia Provérbios 31:8-9 e reflita: Estou usando minha influência e recursos para o bem dos outros e para cumprir o propósito de Deus?

05 Como posso confiar que Deus está trabalhando nos bastidores, mesmo quando não vejo os resultados imediatamente?

Semana 32

Local

(Preencha com o local de seu momento devocional)

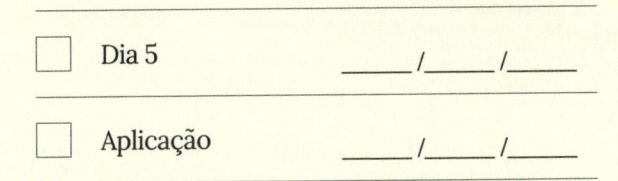

Checklist

	Atividade	Data
☐	Leitura	____/____/____
☐	Dia 1	____/____/____
☐	Dia 2	____/____/____
☐	Dia 3	____/____/____
☐	Dia 4	____/____/____
☐	Dia 5	____/____/____
☐	Aplicação	____/____/____
☐	Oração	____/____/____

Semana 32

Reflexão

Tire um momento de pausa a cada dia da semana para meditar e refletir por meio das perguntas sugeridas. Use este espaço para anotar suas respostas.

Semana 32

Aplicação

O que você aprendeu com essa mulher da Bíblia e como pode aplicar esses ensinamentos em sua vida?

_____
_____
_____
_____
_____
_____
_____
_____
_____
_____
_____
_____
_____
_____
_____
_____
_____
_____
_____
_____
_____
_____
_____
_____
_____
_____
_____
_____

Semana 32

Oração

Use este espaço para escrever sua oração.

Semana 33

DATA DA
SUA HISTÓRIA:
6 a.C.

LOCALIZAÇÃO
EM QUE VIVEU
Região Montanhosa da
Judeia

Sobre Isabel
FÉ · PACIÊNCIA · HUMILDADE

Isabel é a mãe de João Batista e esposa do sacerdote Zacarias. Sua história está intimamente ligada ao nascimento de João, o precursor de Jesus, e ao cumprimento das promessas de Deus para o povo de Israel.

Isabel é descrita como uma mulher "justa diante de Deus, observando todos os mandamentos e preceitos do Senhor irrepreensivelmente". Ela era descendente de Arão, o irmão de Moisés, o que significa que pertencia a uma linhagem sacerdotal. Isabel e seu marido, Zacarias, eram idosos e não tinham filhos, o que era considerado uma situação vergonhosa naquela época.

Apesar de sua idade avançada e esterilidade, Isabel engravidou por um milagre divino. Isso aconteceu após o anjo Gabriel aparecer a seu marido Zacarias, enquanto ele servia no templo, anunciando que eles teriam um filho que seria grande diante do Senhor e prepararia o caminho para o Messias.

Isabel permaneceu escondida durante cinco meses após sua concepção, maravilhada com o milagre que havia acontecido em sua vida. Ela reconheceu que Deus havia removido a vergonha de sua infertilidade, dizendo: "Assim me fez o Senhor, contemplando-me para anular o meu opróbrio entre os homens" (Lucas 1:25).

Quando chegou a hora de Isabel dar à luz, ela teve um filho, conforme a promessa de Deus. No oitavo dia, quando a criança seria circuncidada, os vizinhos e parentes queriam chamá-lo de Zacarias, como seu pai. No entanto, Isabel insistiu que seu nome seria João, como o anjo havia instruído. Zacarias confirmou o nome escrevendo em uma tábua, e naquele momento, sua língua foi solta (ele havia ficado mudo desde a visita do anjo) e ele louvou a Deus.

Isabel é um exemplo de fé e confiança no plano de Deus, mesmo quando as circunstâncias parecem impossíveis. Ela representa a fidelidade de Deus em cumprir Suas promessas e Sua capacidade de operar milagres, mesmo na vida daqueles que acham que o tempo para suas bênçãos já passou.

> *Isabel floresceu em sua fé, testemunhando o impossível se tornar real, e nos lembrando que, nas promessas de Deus, até o que parece tardio floresce no tempo perfeito.*

Semana 33

Devoção
& Oração

LEITURA DA SEMANA
Lucas 1:5-80

A história de Isabel nos lembra que, nas mãos de Deus, o impossível torna-se possível, e as promessas não têm data de expiração. Isabel, uma mulher avançada em idade, que enfrentava o peso da esterilidade e da espera, teve sua vida transformada por um milagre. Deus a escolheu para carregar no ventre João Batista, o precursor de Jesus, mostrando que não há limites para o agir divino.

A vida nos ensina a ser pacientes, mas a espera nem sempre é fácil. Isabel, com seu coração cheio de fé, nos ensina que a espera no Senhor nunca é em vão. No silêncio de sua vida, longe dos holofotes, ela permaneceu fiel, e no tempo perfeito, Deus fez seu sonho se realizar.

Quando Isabel finalmente sentiu a vida crescer dentro de si, ela não apenas experimentou a alegria de uma promessa cumprida, mas também a honra de fazer parte de um plano maior. Seu filho, João Batista, seria a voz que prepararia o caminho para o Messias. Isabel nos ensina que a bênção que Deus traz à nossa vida é maior do que podemos imaginar; ela sempre se conecta a um propósito divino que abençoa não apenas a nós, mas muitos ao nosso redor.

Como Isabel, somos chamadas a frutificar no tempo de Deus. O que parece estéril em nossas vidas pode ser, na verdade, o terreno onde Deus está preparando um milagre. Como ela, precisamos de fé para crer no que ainda não vemos, de paciência para espera no Senhor, e de humildade para reconhecer que nossos sonhos fazem parte de um plano divino muito maior.

Que possamos, como Isabel, florescer em fé, esperar em paciência e celebrar os milagres, tanto em nossa vida quanto na vida das outras mulheres ao nosso redor. Que nossa jornada, como a dela, seja um testemunho de que Deus cumpre Suas promessas no tempo perfeito, fazendo-nos frutificar onde antes havia deserto.

Semana 33

Pausa & Reflexão

Dia

01 Isabel esperou muitos anos até que Deus concedesse o milagre de um filho. Salmos 27:14 diz: "Espera no Senhor, anima-te, e Ele fortalecerá o teu coração; espera, pois, no Senhor". Tenho paciência para confiar no tempo de Deus, mesmo quando a espera é longa?

02 Como reajo quando vejo o milagre acontecer na vida dos outros? Posso celebrar junto a eles, mesmo que ainda esteja esperando o meu próprio milagre?

03 Leia Lucas 1:37 e reflita: Tenho fé suficiente para acreditar que Deus pode realizar o impossível na minha vida?

04 Hebreus 11:1 nos lembra: "Ora, a fé é a certeza daquilo que esperamos e a prova das coisas que não vemos". Estou me preparando espiritualmente, mesmo quando o que espero ainda não se realizou?

05 Estou ciente de que os milagres de Deus em minha vida fazem parte de um propósito maior?

Pausa & Reflexão | Isabel

Semana 33

Local

(Preencha com o local de seu momento devocional)

Checklist

	Atividade	Data
☐	Leitura	____/____/____
☐	Dia 1	____/____/____
☐	Dia 2	____/____/____
☐	Dia 3	____/____/____
☐	Dia 4	____/____/____
☐	Dia 5	____/____/____
☐	Aplicação	____/____/____
☐	Oração	____/____/____

Semana 33

Reflexão

Tire um momento de pausa a cada dia da semana para meditar e refletir por meio das perguntas sugeridas. Use este espaço para anotar suas respostas.

Semana 33

Aplicação

O que você aprendeu com essa mulher da Bíblia e como pode aplicar esses ensinamentos em sua vida?

Semana 33

Aplicação

O que você aprendeu com essa mulher da Bíblia e como pode aplicar esses ensinamentos em sua vida?

_____
_____
_____
_____
_____
_____
_____
_____
_____
_____
_____
_____
_____
_____
_____
_____
_____
_____
_____
_____
_____
_____
_____
_____
_____
_____
_____
_____

Semana 34

DATA DA SUA HISTÓRIA:
4 a.C.

LOCALIZAÇÃO EM QUE VIVEU
Nazaré e Egito

Sobre Maria

HUMILDADE · FÉ · CORAGEM

Maria, mãe de Jesus, é uma das figuras centrais do Novo Testamento e da tradição cristã. Sua vida está associada diretamente ao nascimento, infância e vida de Jesus Cristo. O anjo Gabriel apareceu a Maria, que vivia em Nazaré, na Galileia, para anunciar que ela, uma virgem, conceberia o Filho de Deus por meio do Espírito Santo. Gabriel a saúda dizendo: "Alegra-te, cheia de graça, o Senhor é contigo!" (Lucas 1:28). Maria, então noiva de José, reage com humildade e aceitação ao plano de Deus, dizendo: "Eis aqui a serva do Senhor; faça-se em mim segundo a tua palavra" (Lucas 1:38).

Após receber a mensagem do anjo, Maria visita sua prima Isabel, que também estava grávida milagrosamente de João Batista. Quando Maria chega, Isabel, cheia do Espírito Santo, a saúda dizendo: "Bendita és tu entre as mulheres, e bendito é o fruto do teu ventre!" (Lucas 1:42). Durante essa visita, Maria pronuncia, um cântico de louvor a Deus que revela sua profunda fé e submissão ao plano divino.

Maria deu à luz Jesus em Belém, conforme predito pelos profetas. O nascimento de Jesus foi acompanhado por acontecimentos miraculosos, como a visita dos pastores e a adoração dos magos. Maria, ao lado de José, cuidou de Jesus, criando-o conforme a lei judaica.

Depois que Herodes tentou matar o menino Jesus, um anjo apareceu a José em sonho e mandou que a família fugisse para o Egito. Maria e José obedeceram e permaneceram lá até a morte de Herodes, retornando para viver em Nazaré, onde Jesus cresceu.

Quando Jesus tinha 40 dias, Maria e José levaram-no ao templo em Jerusalém, onde Simeão, um homem justo e temente a Deus, profetizou sobre o futuro de Jesus e sobre a dor que Maria sentiria: "Uma espada traspassará a tua própria alma" (Lucas 2:35).

Maria aparece no início do ministério público de Jesus, durante as bodas de Caná. Quando o vinho acaba, Maria intercede junto a Jesus, dizendo: "Eles não têm mais vinho". Jesus realiza seu primeiro milagre público, transformando a água em vinho, a pedido de sua mãe. Esteve presente durante a crucificação de Jesus. Aos pés da cruz, Jesus, em um ato de cuidado e amor, entrega sua mãe aos cuidados do apóstolo João, dizendo: "Mulher, eis aí o teu filho" e "Eis aí tua mãe". Isso mostra o profundo amor de Jesus por sua mãe até o fim. Após a ressurreição e ascensão de Jesus, Maria é mencionada entre os discípulos reunidos em oração no cenáculo, aguardando o derramamento do Espírito Santo no dia de Pentecostes.

Maria é uma figura de fé, humildade e obediência. Seu "sim" a Deus abriu o caminho para a vinda do Messias ao mundo. Ela é vista como um exemplo de serviço e confiança plena em Deus, especialmente em situações de incerteza e desafio.

Maria floresceu na fé e obediência, abrindo caminho para o plano divino, permitindo que a salvação florescesse em meio à sua humildade e entrega total a Deus.

Semana 34

Devoção & Oração

LEITURA DA SEMANA
Lucas 1:26-56
Lucas 2:1-7
João 2:1-12
João 19:25-27
Atos 1:14

A história de Maria, mãe de Jesus, é um poema de fé, humildade e coragem. Ela não foi escolhida por seu status, riqueza ou posição, mas por sua disposição de entregar seu coração, seu corpo e sua vida para o plano divino. Maria nos ensina que a verdadeira grandeza floresce na humildade. Quando o anjo Gabriel lhe trouxe a mensagem de que ela seria a mãe do Salvador, sua resposta não foi de dúvida, mas de confiança: "Eis aqui a serva do Senhor; faça-se em mim segundo a tua palavra".

Maria, diante de uma missão incompreensível e incrivelmente desafiadora, não hesitou. Ela não tinha todas as respostas, mas confiou no Deus que a chamou. Sua jornada não foi fácil. Desde a difícil viagem para Belém, onde deu à luz Jesus em um estábulo simples, até a fuga para o Egito para proteger seu filho, Maria viveu uma vida de sacrifício. Ela nos lembra que o chamado de Deus nem sempre é um caminho fácil, mas é um caminho de propósito e profundidade. Ela carregou não apenas o Salvador em seu ventre, mas o peso da responsabilidade de criar o Filho de Deus. E em cada passo, Maria nos ensina que a força de uma mulher está em sua fé inabalável no Senhor, mesmo em tempos de dificuldade.

O exemplo de Maria nos inspira a confiar em Deus com todo o nosso coração, mesmo quando não temos todas as respostas. Como mulheres, muitas vezes carregamos responsabilidades grandes, desafios diários e, às vezes, corações pesados. Mas, assim como Maria, somos chamadas a viver em fé e coragem, sabendo que o Senhor caminha ao nosso lado.

Maria, diante da cruz, sofreu como mãe ao ver seu filho em agonia. Mas mesmo ali, ela permaneceu firme, uma presença silenciosa e fiel. A cruz nos lembra que ser uma mulher de Deus muitas vezes significa ser forte em meio à dor.

Que possamos florescer como Maria, com corações dispostos a servir, com fé que atravessa as tempestades, e com coragem para dizer "sim" ao chamado de Deus, mesmo quando não entendemos o caminho à frente. Como Maria, que carregou em si o maior presente da humanidade, também carregamos em nós a capacidade de trazer vida, esperança e amor ao mundo ao nosso redor.

Semana 34

Pausa & Reflexão

Dia

01 Estou pronta para dizer "sim" ao chamado de Deus, mesmo quando não compreendo totalmente o que Ele me pede?

---

02 Maria foi chamada para carregar e criar o Filho de Deus, uma responsabilidade imensa. Em Filipenses 4:13, Paulo nos lembra: "Posso todas as coisas naquele que me fortalece". Como posso confiar que Deus me dará força para enfrentar os desafios e responsabilidades que surgem em minha vida?

---

03 Josué 1:9 diz: "Seja forte e corajoso. Não tenha medo, nem desanime, pois o Senhor, o seu Deus, estará com você por onde você andar". Estou disposta a ser corajosa e confiar que Deus me acompanhará em cada passo do caminho?

---

04 Em tempos de dor e perda, sou capaz de permanecer firme na fé, confiando que Deus está ao meu lado?

---

05 Estou disposta a servir a Deus de maneira humilde, sabendo que o plano Dele é maior do que meus próprios sonhos?

Semana 34

Local

_____

(Preencha com o local de seu momento devocional)

Checklist

	Atividade	Data
☐	Leitura	____/____/____
☐	Dia 1	____/____/____
☐	Dia 2	____/____/____
☐	Dia 3	____/____/____
☐	Dia 4	____/____/____
☐	Dia 5	____/____/____
☐	Aplicação	____/____/____
☐	Oração	____/____/____

Local & Checklist | Maria

Semana 34

Reflexão

Tire um momento de pausa a cada dia da semana para meditar e refletir por meio das perguntas sugeridas. Use este espaço para anotar suas respostas.

Semana 34

Aplicação

O que você aprendeu com essa mulher da Bíblia e como pode aplicar esses ensinamentos em sua vida?

Semana 34

Oração

Use este espaço para escrever sua oração.

Semana 35

DATA DA
SUA HISTÓRIA:
4 a.C.

LOCALIZAÇÃO
EM QUE VIVEU
Jerusalém

Sobre Ana

DEVOÇÃO · PERSEVERANÇA · DISCERNIMENTO

Ana, a profetisa, ela desempenha um papel importante no relato da apresentação de Jesus no Templo de Jerusalém, após seu nascimento. Ana é uma mulher de grande fé e dedicação a Deus, e sua história está registrada brevemente, mas com grande significado espiritual.

Ana é filha de Fanuel, da tribo de Aser. Sua linhagem é mencionada, conectando-a às tribos de Israel e destacando seu papel espiritual entre o povo judeu. A tribo de Aser era uma das doze tribos de Israel. Era uma mulher muito idosa. Havia sido casada por sete anos, mas depois de perder o marido, viveu como viúva até a idade de 84 anos. O texto bíblico destaca que, após a morte de seu marido, ela "não se afastava do templo, servindo a Deus com jejuns e orações, noite e dia" (Lucas 2:37). Esse detalhe revela a profunda devoção de Ana e sua vida dedicada à adoração e serviço a Deus.

Quando Ana viu Jesus sendo apresentado no Templo, ela imediatamente reconheceu a criança como o Salvador prometido. O texto diz que "chegando naquela mesma hora, ela deu graças a Deus e falava a respeito do menino a todos os que esperavam a redenção de Jerusalém" (Lucas 2:38). Ana, como Simeão (que também reconheceu Jesus no Templo), foi uma das primeiras a proclamar que Jesus era o Messias, a esperança de Israel.

Ana, a profetisa, foi uma mulher de grande fé e devoção que viveu uma vida dedicada à oração e ao serviço no Templo. Ela teve o privilégio de ver o Messias, Jesus, sendo apresentado no Templo, e foi uma das primeiras a reconhecê-lo e proclamar sua chegada. Sua história, nos ensina sobre paciência, devoção e a alegria de ver as promessas de Deus se cumprirem.

Ana floresceu na perseverança e devoção, mostrando que a fé cultivada no silêncio da espera revela o Messias no tempo perfeito de Deus.

Semana 35

Devoção
& Oração

LEITURA DA SEMANA
Lucas 2:36-38

A história de Ana, a profetisa, é como um cântico silencioso de fé e devoção, crescendo ao longo dos anos em meio à espera. Ela não se destacou por grandes feitos visíveis, mas pelo profundo compromisso de sua vida com Deus, uma mulher que fez do Templo seu lar e da oração sua constante companhia. Ana nos ensina que há uma beleza especial em crescer na quietude, na paciência e na dedicação, mesmo quando o mundo não está observando.

Quantas vezes, como mulheres, sentimos o peso da espera? Esperamos respostas, mudanças, milagres. Mas Ana nos mostra que a espera não precisa ser estéril; ela pode ser um tempo de crescimento interior, de profunda conexão com Deus. Mesmo após perder seu marido, ela não deixou que a dor definisse sua vida. Em vez disso, dedicou-se inteiramente ao serviço do Senhor. Ela fez da sua dor um altar, e de sua vida, uma oferta viva.

Ana não perdeu a esperança, mesmo depois de longos anos. Aos 84 anos, seus olhos, cansados pela idade, ainda brilhavam com a expectativa de ver a promessa de Deus. E naquele dia, quando Jesus foi apresentado no Templo, ela reconheceu o Messias que sua alma esperava. Ela não apenas viu um bebê, mas enxergou o cumprimento da redenção de Israel. Isso nos ensina que, quando nosso coração está sintonizado com Deus, conseguimos discernir Suas promessas no meio do ordinário. A visão espiritual de Ana foi clara porque sua vida estava constantemente na presença de Deus.

Ana nos lembra que o verdadeiro florescer vem da perseverança. Seu papel pode ter sido silencioso, mas seu impacto foi profundo. Ela esperou, orou e, no tempo certo, viu a glória de Deus se manifestar. Ela também nos ensina que não há idade para a fé, não há prazo para o cumprimento das promessas de Deus. Mesmo em sua velhice, ela continuou sendo uma mulher ativa espiritualmente, mostrando que a vida com Deus é uma jornada contínua, rica e cheia de propósito em todas as fases da nossa vida. Aos 84 anos, Ana ainda era uma mulher que resplandecia, e seu coração estava cheio de esperança.

Que possamos, como Ana, florescer na oração, na paciência e na confiança, pois, no tempo certo, veremos as promessas de Deus se cumprirem diante de nossos olhos, e nossa alma será inundada com a alegria de Seu agir.

Semana 35

Pausa & Reflexão

Dia

01 Ana passou anos no Templo, em jejum e oração, aguardando o cumprimento da promessa de Deus. Colossenses 3:23 nos lembra: "Tudo o que fizerem, façam de todo o coração, como para o Senhor, e não para os homens". Estou disposta a servir a Deus com devoção, mesmo sem reconhecimento ou resultados visíveis?

02 Como mantenho minha fé viva durante os tempos de espera prolongada?

03 Ana, com seus olhos espirituais, reconheceu Jesus como o Messias quando Ele foi apresentado no Templo. Tenho buscado discernimento para reconhecer o agir de Deus em minha vida?

04 Romanos 12:1 nos exorta: "Ofereçam seus corpos como sacrifício vivo, santo e agradável a Deus; este é o culto racional de vocês". Em momentos de dor, consigo transformar minha vida em uma oferta de devoção a Deus, assim como Ana fez?

05 Leia 1 Tessalonicenses 5:17 e reflita: Tenho perseverado em oração e adoração, confiando que o tempo de Deus é perfeito?

Semana 35

Local

_____
(Preencha com o local de seu momento devocional)

Checklist

	Atividade	Data
☐	Leitura	____/____/____
☐	Dia 1	____/____/____
☐	Dia 2	____/____/____
☐	Dia 3	____/____/____
☐	Dia 4	____/____/____
☐	Dia 5	____/____/____
☐	Aplicação	____/____/____
☐	Oração	____/____/____

Semana 35

Reflexão

Tire um momento de pausa a cada dia da semana para meditar e refletir por meio das perguntas sugeridas. Use este espaço para anotar suas respostas.

Semana 35

Aplicação

O que você aprendeu com essa mulher da Bíblia e como pode aplicar esses ensinamentos em sua vida?

Semana 35

Oração

Use este espaço para escrever sua oração.

Semana 36

DATA DA SUA HISTÓRIA:
30 d.C.

LOCALIZAÇÃO EM QUE VIVEU
Betânia

Sobre Marta
SERVIÇO · PROATIVIDADE · DEDICAÇÃO

Marta é uma personagem bíblica mencionada no Novo Testamento. Ela é irmã de Maria e Lázaro e aparece em episódios marcantes da vida de Jesus, desempenhando um papel importante em momentos de hospitalidade e fé.

Marta é apresentada como uma mulher hospitaleira que recebe Jesus em sua casa. No entanto, ela se preocupa excessivamente com os preparativos e tarefas, enquanto sua irmã Maria se senta aos pés de Jesus para ouvir Seus ensinamentos. Marta, sobrecarregada, pede a Jesus que diga a Maria para ajudá-la, mas Jesus responde gentilmente: "Marta, Marta, você está preocupada e inquieta com muitas coisas; todavia, apenas uma é necessária. Maria escolheu a boa parte, e esta não lhe será tirada" (Lucas 10:41-42).

Marta também aparece no relato da morte e ressurreição de seu irmão, Lázaro. Quando Lázaro adoeceu, Marta e Maria enviaram uma mensagem a Jesus, pedindo ajuda. Jesus, no entanto, chegou quatro dias após a morte de Lázaro. João 11:21-27 narra um diálogo profundo entre Marta e Jesus, no qual Marta expressa sua fé, mesmo em meio à dor. Ela diz: "Senhor, se estivesses aqui, meu irmão não teria morrido", mas também afirma: "Sei que, mesmo agora, Deus te dará tudo o que pedires". Jesus então revela a ela: "Eu sou a ressurreição e a vida. Aquele que crê em mim, ainda que morra, viverá". Marta responde com fé, reconhecendo Jesus como o Cristo, o Filho de Deus.

Aparece mais uma vez em João 12, quando Jesus visita Betânia, após ter ressuscitado Lázaro. Um banquete é oferecido em honra de Jesus, e Marta mais uma vez está servindo. Apesar de sua tendência a se preocupar com os afazeres, Marta demonstrou uma fé profunda em Jesus, reconhecendo Sua identidade divina e acreditando no poder de Sua ressurreição.

Marta floresceu no serviço e na fé, mostrando que, ao cuidar do que é terreno, também podemos cultivar uma confiança profunda no divino.

Semana 36

Devoção & Oração

LEITURA DA SEMANA
Lucas 10:38-42
João 11:1-44
João 12:1-3

A história de Marta é a imagem da mulher que está sempre em movimento, cuidando, preparando e se dedicando ao bem estar de sua casa e dos que estão ao seu redor. Marta nos ensina que há beleza no servir, que o ato de cuidar dos outros é uma forma silenciosa de amar, mesmo quando não é reconhecido por aqueles que servimos.

Em meio às suas tarefas, Marta buscava agradar Jesus, garantindo que Ele e Seus discípulos tivessem tudo de que precisavam. No entanto, em um momento de cansaço, ela se viu sobrecarregada, pedindo a Jesus que sua irmã, Maria, a ajudasse. Jesus, com ternura, respondeu que Maria havia escolhido a parte mais importante: estar aos Seus pés, ouvindo Sua palavra.

Como muitas de nós, Marta se perdeu nas preocupações diárias, e quem pode culpá-la? São tantos afazeres, tantas responsabilidades, que o peso do dia a dia às vezes nos tira daquilo que realmente importa: a presença de Deus. A lição não é abandonar o serviço, mas aprender a fazer pausas na correria e priorizar o momento de quietude na presença de Deus, onde nossa alma se renova e floresce.

Marta também nos mostra que o serviço tem valor diante de Deus. Jesus não a repreendeu por servir, mas por deixar que as preocupações sobrecarregassem seu coração. O servir é nobre, e cada pequeno ato de amor é uma oferta silenciosa a Deus, mas deve ser sempre acompanhado da consciência de que nossa força vem do descanso em Sua presença.

Quando Lázaro, seu irmão, faleceu, Marta demonstrou sua fé ao sair ao encontro de Jesus, mesmo em meio à dor. Ela afirmou com convicção: "Se estivesses aqui, meu irmão não teria morrido". Essa é a Marta que também cresce na fé, que crê que a presença de Jesus pode mudar tudo. Aqui, ela nos ensina que, mesmo em meio à dor, podemos buscar a Jesus e confiar em Suas promessas.

Marta é uma mulher que nos mostra a força do serviço, a importância da fé e o equilíbrio necessário entre fazer e ser. Que possamos, como Marta, aprender a servir com amor, mas também a encontrar descanso e renovação aos pés do Mestre, onde nossa alma verdadeiramente floresce.

Semana 36

Pausa & Reflexão

Dia

01 Tenho equilibrado minhas responsabilidades com momentos de devoção e descanso na presença de Deus?

02 Colossenses 3:23 nos orienta: "Tudo o que fizerem, façam de todo o coração, como para o Senhor, e não para os homens". Estou servindo com amor e alegria, ou tenho deixado a sobrecarga e a preocupação dominarem minhas ações?

03 Jesus destacou que Maria havia escolhido a "melhor parte", ao se sentar e ouvir seus ensinamentos. Leia Mateus 6:33 e reflita: Estou priorizando minha comunhão com Deus acima das tarefas e preocupações diárias?

04 Como reajo diante das perdas e dificuldades? Confio que Jesus pode restaurar e transformar o que está morto em minha vida?

05 Como posso servir de forma mais significativa, conectando o meu trabalho com minha fé e devoção?

Semana 36

Local

(Preencha com o local de seu momento devocional)

Checklist

	Atividade	Data
☐	Leitura	____/____/____
☐	Dia 1	____/____/____
☐	Dia 2	____/____/____
☐	Dia 3	____/____/____
☐	Dia 4	____/____/____
☐	Dia 5	____/____/____
☐	Aplicação	____/____/____
☐	Oração	____/____/____

Semana 36

Reflexão

Tire um momento de pausa a cada dia da semana para meditar e refletir por meio das perguntas sugeridas. Use este espaço para anotar suas respostas.

Semana 36

Aplicação

O que você aprendeu com essa mulher da Bíblia e como pode aplicar esses ensinamentos em sua vida?

Semana 36

Oração

Use este espaço para escrever sua oração.

Semana 37

DATA DA SUA HISTÓRIA:
30 d.C.

LOCALIZAÇÃO EM QUE VIVEU
Betânia

Sobre Maria de Betânia

DEVOÇÃO · SENSIBILIDADE · ENTREGA

Maria é irmã de Marta e Lázaro e está presente em três episódios distintos que destacam sua devoção a Jesus. Maria de Betânia é conhecida por sua sensibilidade espiritual, amor e dedicação a Jesus, representando o coração de adoração e profunda comunhão com o Mestre.

Maria de Betânia é apresentada pela primeira vez no Evangelho de Lucas, onde ela e sua irmã, Marta, recebem Jesus em sua casa. Enquanto Marta estava ocupada com os afazeres domésticos, Maria sentou-se aos pés de Jesus, ouvindo seus ensinamentos. Esse gesto de Maria é significativo, pois revela seu desejo de aprender e estar próxima de Jesus.

Ela aparece novamente no relato da morte e ressurreição de seu irmão, Lázaro, em João 11. Quando Jesus finalmente chega a Betânia, quatro dias após a morte de Lázaro, Maria é chamada por sua irmã, Marta, para ir ao encontro de Jesus. Sua profunda tristeza ao perder o irmão comoveu Jesus, que, ao ver o sofrimento de Maria e dos presentes, chorou.

A terceira aparição de Maria ocorre no relato da unção de Jesus, descrito em João 12. Pouco antes da Páscoa, Jesus voltou a Betânia, onde foi recebido com um jantar. Durante o jantar, Maria demonstrou um ato de profunda devoção: "Maria, tomando uma libra de bálsamo de nardo puro, muito precioso, ungiu os pés de Jesus e os enxugou com os seus cabelos; e encheu-se toda a casa com o perfume do bálsamo" (João 12:3).

Esse ato de Maria foi criticado por Judas Iscariotes, que argumentou que o perfume poderia ter sido vendido e o dinheiro dado aos pobres. Jesus, no entanto, defendeu Maria, dizendo: "Deixa-a; que ela o guarde para o dia do meu sepultamento. Porque os pobres, sempre os tendes convosco, mas a mim nem sempre me tendes" (João 12:7-8). Esse gesto simbólico revela o profundo entendimento espiritual de Maria, que, talvez mais do que os outros discípulos, compreendeu que Jesus estava prestes a morrer.

Maria vivia em Betânia, uma pequena aldeia perto de Jerusalém. Como mulher judia, ela teria vivido em um ambiente cultural que dava grande valor ao serviço doméstico. O fato de ela ter escolhido ouvir os ensinamentos de Jesus, sentada aos seus pés, mostra sua ousadia em ultrapassar as expectativas culturais e buscar uma conexão espiritual profunda com Cristo.

> *Maria de Betânia floresceu aos pés de Jesus, escolhendo a devoção e o amor como a essência de sua adoração, entregando tudo ao Mestre com fé e profunda sensibilidade espiritual.*

Semana 37

Devoção
& Oração

LEITURA DA SEMANA
Lucas 10:38-42
João 11:1-45
João 12:1-8

A história de Maria de Betânia nos ensina que há uma profundidade em se sentar aos pés de Jesus, na quietude de um coração entregue. Enquanto sua irmã Marta corria para organizar e servir, Maria escolheu uma postura de adoração, uma posição de aprendizado, absorvendo cada palavra do Mestre. Nesse gesto, ela nos mostra que, mesmo em meio às responsabilidades, há momentos em que é preciso parar, respirar e estar com Deus, pois é aí que a alma floresce.

Maria nos ensina que há uma "boa parte", uma parte que não pode ser tirada: o tempo que passamos na presença de Jesus. A verdadeira beleza de uma mulher de fé não está apenas no que ela faz, mas na sua capacidade de se aquietar e se render ao Mestre, permitindo que Sua palavra penetre fundo em seu coração.

Quando Maria ungiu os pés de Jesus com um perfume caro, ela nos mostrou o valor da adoração que custa algo. Sua entrega não foi apenas material, mas espiritual; ela deu tudo o que tinha, e o fez com um coração cheio de amor e reverência. Esse ato de ungir os pés de Jesus nos ensina que a adoração verdadeira vai além de palavras – é um sacrifício, um presente de devoção que entregamos, mesmo quando outros não entendem.

Somos chamadas a entregar nosso perfume precioso aos pés de Jesus. Às vezes, esse perfume é o tempo que dedicamos à oração, o sacrifício de nossas preocupações para nos conectarmos com Deus, ou o amor que derramamos sobre os outros em nome de Cristo. Cada gesto de devoção é uma fragrância que preenche nossa vida e toca o coração de Deus.

Maria de Betânia compreendeu o que muitos ao seu redor não perceberam: que o tempo com Jesus era precioso e único. Ela viu o que estava por vir, o sacrifício de Cristo, e agiu com um coração cheio de adoração. Que possamos aprender com Maria a dar o melhor de nós ao Senhor, não importando o que os outros pensem, não importando o custo. Nossa verdadeira adoração é aquela que vem de um coração que se prostra diante de Jesus, rendendo-se completamente ao Seu amor.

Floresçamos como Maria, em silêncio e em entrega, com olhos fixos em Jesus, sabendo que é em Sua presença que nosso espírito verdadeiramente se renova.

Semana 37

Pausa & Reflexão

Dia

01 Estou dedicando tempo para estar aos pés de Jesus e ouvir Sua voz, mesmo em meio às ocupações diárias?

02 Romanos 12:1 nos chama a "oferecer os nossos corpos como sacrifício vivo, santo e agradável a Deus". Estou disposta a entregar a Deus o melhor de mim, como um ato de adoração sincera?

03 Maria foi criticada por seu gesto de devoção, mas Jesus a defendeu. Gálatas 1:10 pergunta: "Por acaso busco eu agora o favor dos homens ou de Deus?". Estou vivendo para agradar a Deus, mesmo quando as pessoas ao meu redor não entendem minha fé?

04 Tenho reconhecido os momentos em que é mais importante estar com Jesus do que me preocupar com tarefas ou afazeres?

05 Tiago 2:17 nos diz que "a fé sem obras é morta". Estou expressando minha devoção a Jesus de forma concreta, seja em gestos de adoração, serviço ou cuidado para com os outros?

Semana 37

Local

_____

(Preencha com o local de seu momento devocional)

Checklist

Atividade	Data
☐ Leitura	____/____/____
☐ Dia 1	____/____/____
☐ Dia 2	____/____/____
☐ Dia 3	____/____/____
☐ Dia 4	____/____/____
☐ Dia 5	____/____/____
☐ Aplicação	____/____/____
☐ Oração	____/____/____

Semana 37

Reflexão

Tire um momento de pausa a cada dia da semana para meditar e refletir por meio das perguntas sugeridas. Use este espaço para anotar suas respostas.

Semana 37

Aplicação

O que você aprendeu com essa mulher da Bíblia e como pode aplicar esses ensinamentos em sua vida?

Semana 37

Oração

Use este espaço para escrever sua oração.

Oração | Maria de Betânia

Semana 38

DATA DA SUA HISTÓRIA:
30 d.C.

LOCALIZAÇÃO EM QUE VIVEU
Galileia

Sobre Maria Madalena

TRANSFORMAÇÃO · FIDELIDADE · DEVOÇÃO

Maria Madalena é uma das personagens mais conhecida por seu relacionamento próximo com Jesus e por ser uma das primeiras testemunhas da ressurreição. Sua história destaca a transformação espiritual que ela experimentou ao seguir Jesus e sua dedicação ao Mestre, mesmo nos momentos mais difíceis.

Maria Madalena, chamada assim por ser oriunda da cidade de Magdala, uma cidade à beira do Mar da Galileia, aparece em vários momentos cruciais da vida de Jesus. Liberta de sete demônios por Jesus, ela experimentou uma profunda transformação espiritual. A partir desse momento, seguiu Jesus fielmente, servindo e apoiando Seu ministério com seus próprios recursos.

Esteve presente no momento mais sombrio do ministério de Jesus: a crucificação. Enquanto muitos discípulos fugiram, Maria Madalena permaneceu ao pé da cruz, junto à Maria, a mãe de Jesus, e outras mulheres. Também acompanhou o sepultamento de Jesus. Após Sua morte, ela e outras mulheres foram ver onde Jesus foi sepultado e prepararam especiarias para ungir Seu corpo. Sua devoção continuava mesmo após a morte do Mestre.

Maria Madalena desempenha um papel crucial no relato da ressurreição. Ela foi a primeira pessoa a visitar o túmulo vazio de Jesus. Pensando que o corpo havia sido roubado, ela correu para contar aos discípulos. Mais tarde, quando Maria voltou ao túmulo, ela viu dois anjos e, ao se virar, encontrou Jesus, embora não o reconhecesse de imediato. Jesus então a chamou pelo nome, e Maria reconheceu o Mestre, chamando-o de "Raboni" (Mestre).

Jesus confiou a Maria Madalena a missão de anunciar sua ressurreição aos discípulos, tornando-a a primeira testemunha da ressurreição de Cristo.

Maria Madalena floresceu na graça da transformação, renascendo em sua devoção a Cristo e sendo a primeira a anunciar a vida que venceu a morte.

Semana 38

Devoção
& Oração

LEITURA DA SEMANA
Lucas 8:1-3
Mateus 27:55-56
Mateus 27:6
João 20:1-18

A história de Maria Madalena nos ensina que, não importa quão profundas sejam as sombras que nos cercam, há sempre a luz da redenção que pode nos alcançar. De uma mulher atormentada por sete demônios, Maria Madalena foi transformada por Jesus e se tornou uma seguidora fiel, marcada pela graça e pelo amor.

Quando ela encontrou Cristo, sua vida foi renovada, e sua identidade foi transformada. Ela não foi definida pelo seu passado, mas pelo amor e a libertação que encontrou em Jesus. Maria Madalena seguiu Jesus de perto, não apenas nas horas de glória, mas também nos momentos mais sombrios da cruz. Ela estava lá quando muitos fugiram, testemunhando a morte daquele que lhe deu nova vida. Sua fidelidade é um reflexo da força silenciosa que muitas vezes carregamos como mulheres – a força que nos antém de pé nos momentos de maior dor e perda, a coragem que nos faz permanecer quando tudo parece desmoronar.

E foi justamente essa fidelidade que a levou ao momento mais extraordinário da história: ser a primeira a ver o túmulo vazio, o primeiro testemunho da ressurreição de Cristo. Enquanto o mundo estava mergulhado em luto e desespero, Maria foi a primeira a ouvir a voz do Salvador ressuscitado, o primeiro rosto que Ele chamou pelo nome. Isso nos lembra que Deus muitas vezes escolhe aqueles que foram quebrados, restaurados e transformados para serem os portadores de Sua maior mensagem: a vitória sobre a morte.

A verdadeira transformação vem quando colocamos nossa vida nas mãos de Cristo. Não importa qual seja o passado, Ele pode nos libertar e fazer de nós portadoras da Sua luz. Somos chamadas a florescer, não por nossa força, mas pela graça que Ele nos concede. E assim como Maria, somos chamadas a ser testemunhas vivas da ressurreição, da vida nova que Cristo oferece a todos.

Que possamos, como Maria Madalena, crescer em fé, fidelidade e devoção, sabendo que o amor de Jesus nos encontra onde estamos e nos leva a uma nova vida, cheia de esperança e propósito.

Semana 38

Pausa & Reflexão

Dia 01 — Maria Madalena foi liberta de sete demônios e sua vida foi completamente renovada por Jesus. 2 Coríntios 5:17 nos lembra: "Se alguém está em Cristo, nova criatura é; as coisas velhas já passaram; eis que tudo se fez novo". Tenho me permitido experimentar essa nova vida em Cristo, deixando o passado e aceitando a transformação de Deus?

02 — Tenho permanecido firme em minha fé, mesmo nos tempos de adversidade e dor?

03 — João 10:27 diz: "As minhas ovelhas ouvem a minha voz; eu as conheço, e elas me seguem". Tenho sensibilidade para ouvir a voz de Deus em minha vida e seguir a direção que Ele me dá?

04 — Tenho coragem de ser testemunha do poder transformador de Jesus, assim como Maria Madalena foi a primeira testemunha da ressurreição?

05 — Como posso entregar meus medos e traumas a Jesus, permitindo que Ele me liberte e me cure, assim como fez com Maria Madalena?

Semana 38

Local

_____

(Preencha com o local de seu momento devocional)

Checklist

	Atividade	Data
☐	Leitura	____/____/____
☐	Dia 1	____/____/____
☐	Dia 2	____/____/____
☐	Dia 3	____/____/____
☐	Dia 4	____/____/____
☐	Dia 5	____/____/____
☐	Aplicação	____/____/____
☐	Oração	____/____/____

Local & Checklist | Maria Madalena

Semana 38

Reflexão

Tire um momento de pausa a cada dia da semana para meditar e refletir por meio das perguntas sugeridas. Use este espaço para anotar suas respostas.

Semana 38

Aplicação

O que você aprendeu com essa mulher da Bíblia e como pode aplicar esses ensinamentos em sua vida?

Semana 38

Oração

Use este espaço para escrever sua oração.

Semana 39

DATA DA SUA HISTÓRIA:
30 d.C.

LOCALIZAÇÃO EM QUE VIVEU
Galileia

Sobre a Mulher do Fluxo de Sangue

FÉ · PERSEVERANÇA · CORAGEM

Sua história é um dos milagres de cura realizados por Jesus e destaca sua fé extraordinária, além de trazer lições profundas sobre perseverança, humildade e confiança no poder de Jesus. Essa mulher havia sofrido por doze anos de um fluxo de sangue e que, apesar de ter gasto tudo o que tinha com médicos, seu estado piorava em vez de melhorar. No contexto da época, essa condição a tornava ritualmente impura, de acordo com as leis da pureza em Levítico 15:25-27, o que significava que ela não podia participar da vida comunitária e religiosa, além de provavelmente ser socialmente excluída. Sua fé era tão grande que ela acreditava que apenas um toque nas vestes de Jesus seria suficiente para restaurá-la.

Quando tocou as vestes de Jesus, imediatamente foi curada. Percebendo o toque, Jesus perguntou quem o havia tocado, e, mesmo com medo, a mulher se apresentou. Jesus então disse: "Filha, a tua fé te curou; vai em paz e fica livre desse mal" (Marcos 5:34). Este relato enfatiza a fé ousada dessa mulher e a compaixão de Jesus em restaurá-la não apenas fisicamente, mas espiritualmente e socialmente.

Ela era excluída do convívio social, religioso e familiar. Quem a tocasse também se tornava impuro, e ela não podia participar das atividades religiosas no templo ou mesmo das interações normais com outras pessoas. Por isso, sua condição a colocava em um estado de isolamento extremo.

Além disso, sua busca incessante por cura e os gastos com médicos mostram a gravidade de sua condição. Ela vivia uma vida de desespero, sem esperança, até ouvir falar de Jesus. A ousadia dessa mulher em romper com as normas sociais para buscar a cura é um sinal de sua desesperança, mas também de sua fé inabalável de que Jesus era sua única esperança de cura.

A mulher do fluxo de sangue é uma figura que simboliza a fé ousada e a perseverança em tempos de grande sofrimento. Jesus não apenas a curou fisicamente, mas também restaurou sua dignidade e a chamou de "filha", reafirmando seu valor diante de Deus. Sua história nos inspira a confiar em Jesus, independentemente das circunstâncias, e a buscar Sua presença com fé, coragem e perseverança.

A mulher do fluxo de sangue floresceu em meio à dor, pois sua fé inabalável a levou a tocar Jesus, encontrar a cura e ser resgatada como filha, fazendo-a renascer.

Semana 39

Devoção & Oração

LEITURA DA SEMANA
Marcos 5:25-34

A história da mulher do fluxo de sangue é uma jornada de fé em meio à dor e ao isolamento. Por doze anos, ela carregou não apenas a doença física, mas também o peso da rejeição e do silêncio. Cada dia era uma batalha contra a desesperança, uma luta para continuar acreditando que a cura era possível. Mas, em seu coração, havia algo que jamais se apagou: a fé. Ela sabia que, se pudesse apenas tocar nas vestes de Jesus, tudo mudaria.

Quantas vezes nos sentimos como essa mulher, carregando feridas que ninguém vê, vivendo em silêncio enquanto o mundo segue em frente? Carregamos fardos invisíveis, dor que ninguém parece compreender, mas no fundo, há uma voz que nos chama: "Venha a mim". Essa voz é a de Jesus, que não apenas cura, mas também resgata.

Quando a mulher se aproximou de Jesus, sua fé não apenas trouxe cura física, mas algo muito maior aconteceu. Jesus a chamou de "filha". Naquele momento, ela não era apenas uma pessoa que foi curada; ela foi resgatada como filha. Depois de tantos anos deisolamento, Jesus a acolheu como uma filha amada. Ele a viu, a reconheceu e a restaurou.

Essa história nos lembra que o toque de Jesus vai além da cura. Ele nos resgata. Somos filhas amadas, acolhidas por Ele, não importa o quanto nossas feridas nos tenham afastado. Jesus não apenas restaura nossos corpos, Ele restaura nossas almas, nossa identidade, nossa dignidade. A mulher do fluxo de sangue foi resgatada como filha, e assim somos nós: mulheres que, pela fé, encontramos cura e, acima de tudo, um lugar nos braços do Pai.

Jesus nos chama a tocar em Suas vestes com fé, a deixar que Ele veja nossas dores e, em troca, sermos abraçadas como filhas. Somos chamadas a florescer, não porque nossas circunstâncias mudam, mas porque Jesus nos encontra em nossa maior necessidade e nos devolve à vida, como filhas resgatadas e amadas.

Que possamos, nos aproximar de Jesus com coragem e fé, acreditando que, mesmo quando todos nos abandonam, o resgate de Jesus é certo, pois Ele nos vê como Suas filhas, dignas de Seu amor e cura.

Semana 39

Pausa & Reflexão

Dia

01 Hebreus 11:6 nos lembra: "Sem fé é impossível agradar a Deus". Tenho me aproximado de Jesus com uma fé que acredita no Seu poder transformador?

02 Apesar de sua condição social e física, a mulher não permitiu que as circunstâncias a impedissem de tocar em Jesus. Leia Filipenses 4:6 e reflita: Tenho deixado o medo ou a vergonha me afastarem de Jesus, ou tenho levado meus pedidos a Ele em oração?

03 Como posso demonstrar fé em ação, assim como a mulher agiu ao tocar em Jesus, acreditando que seria curada?

04 Jesus não apenas curou a mulher, mas a chamou de "filha", restaurando sua dignidade e identidade. Romanos 8:16 nos lembra que "O próprio Espírito testifica com o nosso espírito que somos filhos de Deus". Tenho permitido que Jesus restaure minha identidade como filha de Deus, aceitando o amor e o valor que Ele me concede?

05 Eclesiastes 3:1 diz: "Tudo tem o seu tempo determinado, e há tempo para todo propósito debaixo do céu". Como posso confiar no tempo de Deus, mesmo quando a cura ou resposta parece demorar, como aconteceu com a mulher que sofreu por doze anos?

Semana 39

Local

_____

(Preencha com o local de seu momento devocional)

Checklist

Atividade	Data
☐ Leitura	___/___/___
☐ Dia 1	___/___/___
☐ Dia 2	___/___/___
☐ Dia 3	___/___/___
☐ Dia 4	___/___/___
☐ Dia 5	___/___/___
☐ Aplicação	___/___/___
☐ Oração	___/___/___

Semana 39

Reflexão

Tire um momento de pausa a cada dia da semana para meditar e refletir por meio das perguntas sugeridas. Use este espaço para anotar suas respostas.

Semana 39

Aplicação

O que você aprendeu com essa mulher da Bíblia e como pode aplicar esses ensinamentos em sua vida?

_____
_____
_____
_____
_____
_____
_____
_____
_____
_____
_____
_____
_____
_____
_____
_____
_____
_____
_____
_____
_____
_____
_____
_____
_____
_____
_____
_____
_____
_____
_____
_____

Semana 39

Oração

Use este espaço para escrever sua oração.

Oração | Mulher do Fluxo de Sangue

Semana 40

DATA DA SUA HISTÓRIA:
30 d.C.

LOCALIZAÇÃO EM QUE VIVEU
Sicar
em Samaria

Sobre a
Mulher Samaritana

MARGINALIZADA · TRANSFORMAÇÃO · TESTEMUNHO

A história começa quando Jesus, em sua jornada da Judeia para a Galileia, decide passar pela região de Samaria. Ele chega à cidade de Sicar, onde se encontra o poço de Jacó. Cansado da viagem, Jesus senta-se junto ao poço ao meio-dia, enquanto seus discípulos vão à cidade comprar comida. A mulher samaritana chega ao poço para tirar água, e Jesus lhe pede água. Surpresa, a mulher responde que os judeus normalmente não falam com samaritanos, já que havia grande hostilidade entre os dois povos por questões religiosas e culturais.

Durante a conversa, Jesus começa a revelar verdades espirituais profundas. Ele diz à mulher que, se ela soubesse quem estava pedindo água, ela mesma teria pedido e Ele lhe daria "água viva". A mulher, sem compreender totalmente, questiona como Jesus poderia oferecer essa água se Ele não tinha nem um balde para tirá-la.

Jesus, revela que a mulher já teve cinco maridos e que o homem com quem ela vivia naquele momento não era seu marido. Essa revelação surpreende a mulher e a faz perceber que Jesus é um profeta. A conversa avança para uma discussão sobre a adoração.

A mulher samaritana, percebendo que Jesus é um profeta, pergunta-lhe sobre o local correto para adorar a Deus: no monte Gerizim (como os samaritanos acreditavam) ou em Jerusalém (como os judeus acreditavam). Jesus responde: "A hora vem, e agora é, em que os verdadeiros adoradores adorarão o Pai em espírito e em verdade" (João 4:23), ensinando que a adoração a Deus não é restrita a um local físico, mas é uma questão de atitude espiritual.

Em um momento revelador, a mulher menciona que sabe que o Messias virá e esclarecerá todas as coisas. Jesus então declara: "Eu o sou, eu que falo contigo" (João 4:26), revelando-se como o Cristo. Esta foi a primeira vez que Jesus revelou ser o Messias, e o fato de fazê-lo para uma mulher samaritana mostra a profundidade de Sua graça e Sua missão inclusiva.

Transformada por esse encontro, a mulher samaritana deixa seu cântaro e volta à cidade para contar aos que a excluíram o que aconteceu. A sua transformação é imediata, e ela se torna uma das primeiras evangelistas, levando muitos samaritanos a encontrarem Jesus.

> *A mulher samaritana floresceu ao encontrar a fonte da água viva em Jesus, transformando sua sede em testemunho e sua vida em um jardim de esperança.*

Semana 40

Devoção & Oração

LEITURA DA SEMANA
João 4:1-30

A história da mulher samaritana é uma jornada de encontros que nunca a preencheram verdadeiramente, até o momento em que Jesus se apresentou a ela, junto ao poço de Jacó. Ela havia tido cinco maridos e vivia com o sexto homem, mas foi no sétimo encontro, com Jesus, que sua vida finalmente encontrou sentido, paz e redenção. Na vida dessa mulher, Jesus não foi apenas o próximo homem em uma sequência de relacionamentos falidos – Ele foi o homem perfeito, o Salvador que veio preencher o vazio que ninguém mais poderia preencher.

Cada encontro anterior, cada relacionamento, a deixava com sede, uma sede que parecia insaciável. Ela buscava em outros aquilo que só o encontro com o Salvador poderia dar. E assim como Jesus lhe ofereceu água viva, algo muito além da água do poço, Ele lhe ofereceu a verdadeira satisfação – a cura para sua alma sedenta e quebrada.

Quantas de nós já buscamos preencher o vazio interior em lugares errados, relacionamentos ou realizações que nunca foram suficientes? Assim como aquela mulher, muitas vezes acreditamos que a próxima tentativa nos trará a paz, mas o que encontramos é apenas mais sede. No entanto, Jesus, o sétimo homem, perfeito em Sua plenitude, vem ao nosso encontro para quebrar esse ciclo e nos dar vida verdadeira. Ele não nos olha com julgamento, mas com compaixão, oferecendo exatamente aquilo que nossas almas sempre buscaram.

Na cultura judaica, o número sete carrega o significado de conclusão e perfeição divina. Deus criou o mundo em seis dias e, no sétimo, descansou, completando Sua obra. Quando Jesus chegou à vida da mulher samaritana como o sétimo homem, Ele veio para completar e restaurar o que havia sido fragmentado e desgastado pelos erros do passado. Seu encontro com Cristo não foi apenas mais um momento em sua vida; foi o momento que redefiniu sua história, trouxe restauração e um novo começo.

Jesus também vem a nós como o "sétimo homem", aquele que encerra nossos ciclos de busca infrutífera e nos oferece plenitude. Ele nos encontra em nossas fraquezas e falhas, assim como fez com a mulher samaritana, e nos chama para uma vida nova, baseada não em nossos passados, mas em quem Ele é e no que Ele pode fazer por nós.

Que, assim como a mulher samaritana, possamos abrir nosso coração para Jesus, o perfeito, e deixar que Ele preencha todos os espaços vazios de nossas almas. Com Jesus, encontramos a cura, a redenção e a verdadeira paz que nenhum outro encontro pode proporcionar. Ele nos convida a deixar nossos cântaros vazios e a beber da água viva que transforma, preenche e nos faz florescer.

Semana 40

Pausa & Reflexão

Dia

01 Salmos 42:1 nos lembra: "Assim como o cervo anseia pelas correntes das águas, assim a minha alma anseia por ti, ó Deus". Tenho buscado em Jesus a verdadeira satisfação para minha alma, ou em outras coisas?

02 Estou disposta a deixar para trás o que me pesa e me limita, para viver a nova vida que Cristo oferece?

03 A mulher encontrou Jesus enquanto buscava água, uma tarefa comum, mas isso mudou sua vida. Mateus 28:20 nos lembra que Jesus disse: "Eis que estou convosco todos os dias". Tenho procurado reconhecer a presença de Jesus em meu cotidiano, nas coisas simples?

04 Leia Romanos 12:1 e reflita: Como posso adorar a Deus em espírito e em verdade, como Jesus ensinou à mulher samaritana?

05 Tenho compartilhado o encontro transformador que tive com Jesus, assim como a mulher samaritana fez com sua cidade?

Semana 40

Local

(Preencha com o local de seu momento devocional)

Checklist

	Atividade	Data
☐	Leitura	____/____/____
☐	Dia 1	____/____/____
☐	Dia 2	____/____/____
☐	Dia 3	____/____/____
☐	Dia 4	____/____/____
☐	Dia 5	____/____/____
☐	Aplicação	____/____/____
☐	Oração	____/____/____

Semana 40

Reflexão

Tire um momento de pausa a cada dia da semana para meditar e refletir por meio das perguntas sugeridas. Use este espaço para anotar suas respostas.

Semana 40

Aplicação

O que você aprendeu com essa mulher da Bíblia e como pode aplicar esses ensinamentos em sua vida?

_____
_____
_____
_____
_____
_____
_____
_____
_____
_____
_____
_____
_____
_____
_____
_____
_____
_____
_____
_____
_____
_____
_____
_____
_____
_____
_____
_____

Semana 40

Oração

Use este espaço para escrever sua oração.

Semana 41

DATA DA
SUA HISTÓRIA:
30 d.C.

LOCALIZAÇÃO
EM QUE VIVEU
Tiro e Sidom

Sobre a Mulher Cananeia

PERSISTÊNCIA · HUMILDADE · FÉ

A Mulher Cananeia é conhecida por sua grande fé e persistência ao buscar a ajuda de Jesus para curar sua filha. Apesar dos obstáculos, essa mulher demonstrou uma confiança inabalável no poder de Cristo e, por isso, sua história é uma das mais notáveis nos Evangelhos.

Jesus estava nas regiões de Tiro e Sidom, territórios gentios (não-judeus), quando essa mulher, que era cananeia, se aproximou d'Ele clamando por ajuda. Sua filha estava terrivelmente endemoninhada, e ela implorava: "Senhor, Filho de Davi, tem misericórdia de mim!". Inicialmente, Jesus não respondeu à sua súplica, e os discípulos pediram que Ele a mandasse embora, pois ela estava incomodando-os com seus pedidos. No entanto, a mulher persistiu. Jesus então disse: "Não fui enviado senão às ovelhas perdidas da casa de Israel" (Mateus 15:24), indicando que Sua missão inicial era para os judeus. Mesmo assim, a mulher se aproximou e, prostrada, continuou suplicando: "Senhor, ajudame!".

Jesus então respondeu com uma afirmação que poderia ter desanimado muitos: "Não é bom pegar o pão dos filhos e lançá-lo aos cachorrinhos" (Mateus 15:26). A mulher, porém, respondeu com humildade e fé extraordinária: "Sim, Senhor, mas até os cachorrinhos comem das migalhas que caem da mesa de seus donos" (Mateus 15:27). Diante dessa demonstração de fé, Jesus respondeu: "Ó mulher, grande é a tua fé! Seja isso feito para contigo como tu desejas", e naquele momento sua filha foi curada.

A mulher cananeia era uma gentia, ou seja, não fazia parte do povo judeu. Cananeus eram os antigos habitantes de Canaã, um povo considerado impuro pelos judeus devido às suas práticas religiosas e culturais. No contexto religioso e cultural da época, os judeus e gentios tinham relações tensas e frequentemente se evitavam. Jesus, ao operar milagres fora da Judeia e ajudar não judeus, começou a mostrar que o evangelho se estenderia a todas as nações. No entanto, ao dizer que veio para as "ovelhas perdidas da casa de Israel", Ele reafirmou que Sua missão inicial era para o povo judeu, mas com uma abertura futura para todas as pessoas. A persistência e humildade da mulher cananeia servem como uma antecipação dessa expansão do evangelho para todos os povos, o que é mais tarde plenamente confirmado com o ministério de Paulo entre os gentios.

> *A mulher cananeia floresceu na persistência de sua fé, encontrando em Jesus a força para transformar suas súplicas em milagres e esperança.*

Semana 41

Devoção
& Oração

LEITURA DA SEMANA
Mateus 15:21-28
Marcos 7:24-30

A história da Mulher Cananeia é um poema de fé inquebrantável, uma fé que atravessa barreiras e se firma na esperança. Ela não pertencia ao povo de Israel, não carregava o título de "filha da promessa", mas em seu coração pulsava uma confiança maior do que qualquer exclusão cultural ou religiosa. Como uma mãe desesperada, ela sabia que só havia uma fonte de cura, e, mesmo sem ser convidada à mesa, ela ousou pedir ao Mestre uma migalha de Sua graça. E foi essa fé, profunda e persistente, que fez surgir o milagre.

Quantas vezes, como mulheres, somos colocadas à margem, vistas como indignas ou incapazes de receber aquilo que buscamos? Quantas vezes a sociedade, a cultura, ou até nossos próprios medos nos dizem que não somos suficientes para alcançar a graça de Deus? A Mulher Cananeia nos ensina que não importa de onde viemos ou o que carregamos, a fé pode nos levar onde nossos pés não poderiam ir. Ela sabia que não precisava ser perfeita, bastava confiar no poder de Cristo.

Ao ouvir as palavras de Jesus, comparando sua posição à dos "cachorrinhos", muitos teriam desistido. Mas ela não viu aquelas palavras como rejeição, e sim como uma oportunidade para demonstrar sua fé inabalável. Ela respondeu com humildade e coragem, reconhecendo que até a menor migalha da graça de Deus era suficiente para mudar sua realidade. Com uma fé tão profunda e sincera, ela cresceu na presença de Jesus, encontrando não apenas a cura para sua filha, mas um lugar na história como exemplo de perseverança e fé.

Quando as portas parecem fechadas e o caminho parece bloqueado, a fé nos chama a persistir, a clamar, a nos ajoelhar diante do Salvador, sabendo que Seu amor transcende qualquer barreira. A Mulher Cananeia não deixou o silêncio de Jesus ou os preconceitos dos discípulos silenciarem sua voz. Ela sabia que o amor de Cristo podia alcançar até aqueles que estavam fora da aliança, porque o amor de Deus é maior que todas as fronteiras.

Seja em meio às lutas diárias, nos desafios que enfrentamos como mães, líderes, trabalhadoras ou amigas, a história dessa mulher nos encoraja a persistir, mesmo quando as respostas parecem distantes. Jesus ouve o coração que clama com fé, e, assim como Ele honrou a fé da Mulher Cananeia, Ele também honrará a nossa.

Que possamos, florescer na fé, sabendo que não importa quem somos ou de onde viemos, o amor de Cristo é para todos. Ele está pronto para nos ouvir, nos atender e nos dar as migalhas de Sua graça, que são mais poderosas do que qualquer banquete do mundo.

Semana 41

Pausa & Reflexão

Dia 01 — A Mulher Cananeia não desistiu, mesmo quando parecia que Jesus a estava rejeitando. Leia Lucas 18:1 e reflita: Em momentos de dificuldade, estou perseverando em oração e confiança, sem desanimar?

02 — Como reajo diante das dificuldades que testam minha fé?

03 — 1 Pedro 5:6 nos encoraja: "Humilhem-se, portanto, sob a poderosa mão de Deus, para que ele os exalte no tempo devido". Tenho humildade para reconhecer minha dependência de Deus e aceitar Suas migalhas de graça, sabendo que elas são suficientes?

04 — Estou disposta a buscar a Jesus com todo o meu coração, mesmo quando o mundo ao meu redor tenta me desencorajar?

05 — Jesus elogiou a fé da Mulher Cananeia, dizendo: "Grande é a tua fé". Minha fé tem sido grande o suficiente para mover montanhas e superar os obstáculos em minha vida?

Semana 41

Local

_____

(Preencha com o local de seu momento devocional)

Checklist

	Atividade	Data
☐	Leitura	____/____/____
☐	Dia 1	____/____/____
☐	Dia 2	____/____/____
☐	Dia 3	____/____/____
☐	Dia 4	____/____/____
☐	Dia 5	____/____/____
☐	Aplicação	____/____/____
☐	Oração	____/____/____

Semana 41

Reflexão

Tire um momento de pausa a cada dia da semana para meditar e refletir por meio das perguntas sugeridas. Use este espaço para anotar suas respostas.

Reflexão | Mulher Cananeia

Semana 41

Aplicação

O que você aprendeu com essa mulher da Bíblia e como pode aplicar esses ensinamentos em sua vida?

Semana 41

Oração

Use este espaço para escrever sua oração.

Semana 42

DATA DA
SUA HISTÓRIA:
30 d.C.

LOCALIZAÇÃO
EM QUE VIVEU
Naim

Sobre a Viúva de Naim

DOR · VULNERABILIDADE · RESTAURAÇÃO

Sua história é breve, mas profundamente impactante, pois relata um dos milagres de ressurreição realizados por Jesus. Ela é conhecida por ser a mãe de um jovem que havia morrido, e Jesus, movido por compaixão, ressuscitou seu filho, devolvendo-lhe a vida. A história da viúva de Naim nos mostra o poder de Jesus sobre a morte e Sua imensa compaixão por aqueles que sofrem.

Jesus estava viajando para uma cidade chamada Naim, acompanhado por Seus discípulos e uma grande multidão. Ao se aproximar da porta da cidade, Ele encontrou um cortejo fúnebre: o filho único de uma viúva estava sendo levado para ser sepultado. Essa mulher, que já havia perdido o marido, agora estava devastada pela morte de seu único filho.

Ao vê-la, Jesus foi movido por grande compaixão. Ele se aproximou e disse à mulher: "Não chores" (Lucas 7:13). Em seguida, Ele tocou no caixão e ordenou ao jovem: "Jovem, eu te ordeno, levanta-te!" (Lucas 7:14). O jovem imediatamente voltou à vida e começou a falar, e Jesus o entregou à sua mãe. As pessoas que testemunharam o milagre ficaram cheias de temor e glorificaram a Deus, dizendo: "Um grande profeta se levantou entre nós; e Deus visitou o seu povo" (Lucas 7:16).

Este milagre é particularmente significativo por diversas razões. Primeiro, a compaixão de Jesus por uma viúva que havia perdido seu único filho destaca Seu amor e cuidado pelos marginalizados e vulneráveis. Naquela época, uma mulher sem marido ou filho estaria em uma posição de extrema vulnerabilidade, tanto social quanto economicamente. Ao ressuscitar o filho, Jesus não apenas restaurou a vida do jovem, mas também trouxe esperança e segurança para a vida da viúva. Além disso, o milagre também mostra o poder de Jesus sobre a morte, antecipando a ressurreição que Ele mesmo experimentaria mais tarde. Assim como Ele ressuscitou o filho da viúva de Naim, Ele é capaz de trazer vida nova a todos aqueles que confiam n'Ele.

A viúva de Naim nos ensina que Jesus vê nossa dor, age com compaixão e tem o poder de transformar até mesmo as situações mais desesperadoras.

A viúva de Naim floresceu na compaixão de Jesus, quando o desespero encontrou esperança e a morte cedeu lugar à vida.

Semana 42

Devoção & Oração

> **LEITURA DA SEMANA**
> *Lucas 7:11-17*

A história da Viúva de Naim nos leva a uma profunda reflexão sobre a vida, o luto e a compaixão transformadora de Jesus. A viúva caminhava em um cortejo fúnebre, cercada por uma multidão marcada pela tristeza, pelo peso da perda e pela sensação de impotência. Era uma multidão que acompanhava a morte, sem esperança, sem expectativa de mudança. A dor era tangível, e aquela mulher, já marcada pela perda de seu marido, agora enfrentava o vazio devastador de perder seu único filho.

Por outro lado, vinha uma segunda multidão, uma multidão que seguia Jesus. Essa multidão era diferente, pois carregava em seu centro a vida, a esperança e a promessa do impossível. Onde quer que Jesus estivesse, havia expectativa, havia possibilidade de transformação. O encontro dessas duas multidões – uma que acompanhava a morte e outra que seguia a vida – nos traz um contraste poderoso. Em um único momento, a tristeza encontrou a esperança, e o silêncio da morte foi rompido pela voz de Jesus.

Nessa história, Jesus nos mostra que, quando a multidão da morte encontra a multidão da vida, algo extraordinário acontece. Jesus não apenas viu a dor da viúva, Ele se aproximou. E não foi apenas um olhar de empatia, mas uma compaixão ativa, uma compaixão que não apenas consola, mas transforma. Ele tocou o caixão, e ao fazer isso, a morte cedeu lugar à vida. O jovem voltou à vida, mas algo mais aconteceu: a própria vida da viúva foi restaurada. Ela renasceu, pois sua alegria e esperança foram renovadas.

Quantas vezes Jesus entra em nossa dor, em nossos lutos, e toca onde mais precisamos de vida? A compaixão de Jesus não é apenas um sentimento; ela traz restauração, traz o florescer de algo novo em meio ao deserto. Onde parecia haver apenas fim, Ele traz novos começos. Ele faz surgir a esperança onde só havia morte.

Que multidão você está seguindo hoje? Às vezes, nos encontramos cercadas pela multidão da tristeza e da perda, mas Jesus nos chama para caminhar com Ele, na multidão da vida, onde a esperança sempre renasce. Ele vê nossas lágrimas, Ele sente nossa dor, e assim como fez com a viúva de Naim, Ele toca nossas áreas mais frágeis e traz vida onde havia morte.

Que possamos confiar em Jesus para interromper nossos lutos e transformar nossas histórias, trazendo cura, vida e esperança. Ele é capaz de fazer qualquer coração florescer, mesmo quando tudo parece perdido.

Semana 42

Pausa & Reflexão

Dia

01 Como lido com a dor e o luto em minha vida, e estou permitindo que Jesus entre nessa área e traga cura?

---

02 João 10:10 nos diz: "Eu vim para que tenham vida e a tenham em abundância". Estou buscando a vida e a esperança que vêm de andar com Jesus, ou estou presa em ciclos de luto e desesperança?

---

03 Jesus demonstrou Seu poder sobre a morte ao ressuscitar o filho da viúva. João 11:25 diz: "Eu sou a ressurreição e a vida. Quem crê em mim, ainda que morra, viverá". Tenho fé de que Jesus pode fazer o impossível em minhas situações de desespero e trazer renovação?

---

04 A viúva de Naim não pediu a Jesus por ajuda, mas Ele, vendo sua dor, agiu com compaixão. Leia Mateus 6:8 e reflita: Tenho reconhecido que Jesus vê e se compadece das minhas dores, mesmo quando não expresso minhas necessidades?

---

05 Jesus não apenas restaurou a vida do filho da viúva, mas também a dignidade e o futuro da própria viúva. Em momentos de fraqueza e vulnerabilidade, estou buscando refúgio na compaixão de Jesus, que pode restaurar minha dignidade e esperança?

Semana 42

Local

_____

(Preencha com o local de seu momento devocional)

Checklist

	Atividade	Data
☐	Leitura	____/____/____
☐	Dia 1	____/____/____
☐	Dia 2	____/____/____
☐	Dia 3	____/____/____
☐	Dia 4	____/____/____
☐	Dia 5	____/____/____
☐	Aplicação	____/____/____
☐	Oração	____/____/____

Local & Checklist | Viúva de Naim

Semana 42

Reflexão

Tire um momento de pausa a cada dia da semana para meditar e refletir por meio das perguntas sugeridas. Use este espaço para anotar suas respostas.

Semana 42

Aplicação

O que você aprendeu com essa mulher da Bíblia e como pode aplicar esses ensinamentos em sua vida?

Semana 42

Oração

Use este espaço para escrever sua oração.

Semana 43

DATA DA
SUA HISTÓRIA:
30 d.C.

LOCALIZAÇÃO
EM QUE VIVEU
Galileia
e Judeia

Sobre Joana

GENEROSIDADE · FIDELIDADE · CORAGEM

Joana é reconhecida por sua dedicação ao Senhor e seu papel de liderança entre as mulheres que estavam próximas de Jesus. Joana aparece em momentos cruciais da narrativa do evangelho, incluindo o apoio financeiro ao ministério de Jesus e sua presença na ressurreição. Joana é descrita como a mulher de Cuza, que era administrador (ou mordomo) da casa de Herodes Antipas, o governante da Galileia. Essa menção sugere que Joana tinha uma posição de destaque social, pois seu marido ocupava um cargo importante na corte de Herodes. Mesmo pertencendo a uma classe social elevada, Joana não hesitou em usar seus recursos para apoiar o ministério de Jesus, o que indica uma profunda transformação espiritual.

Joana é mencionada novamente em um momento crucial da narrativa bíblica – no evento da ressurreição de Jesus. Ela está entre as mulheres que foram ao sepulcro e, ao encontrarem o túmulo vazio, foram anunciar aos discípulos que Jesus havia ressuscitado. Joana, portanto, foi uma das primeiras testemunhas da ressurreição, e foi enviada para anunciar aos apóstolos a boa nova da vitória de Jesus sobre a morte. Esse papel destaca sua importância e proximidade com o ministério de Cristo, bem como seu papel central entre as mulheres que seguiam Jesus.

Joana viveu no período do ministério de Jesus na Galileia e na Judeia. Seu marido, Cuza, era uma figura importante na corte de Herodes Antipas, o tetrarca da Galileia, o que sugere que Joana tinha acesso a recursos financeiros significativos e uma posição de destaque social. Herodes Antipas era o governante responsável pela execução de João Batista e também teve um papel indireto na condenação de Jesus. É interessante notar que, mesmo sendo esposa de alguém que trabalhava para Herodes, Joana decidiu seguir a Jesus e dedicar seus recursos ao Seu ministério.

Joana floresceu em fé e generosidade, usando seus recursos para sustentar o ministério de Jesus e sendo uma das primeiras a anunciar a ressurreição, espalhando vida onde havia escuridão.

Semana 43

Devoção & Oração

LEITURA DA SEMANA
Lucas 8:1-3
Lucas 24:10

A história de Joana nos leva a refletir sobre a generosidade, coragem e fé de uma mulher que cresceu no Reino de Deus em um tempo de desafios. Joana, esposa de Cuza, uma mulher de alta posição social, escolheu deixar o conforto de seu status para seguir o Rei dos reis, aquele que lhe ofereceu mais do que qualquer riqueza terrena. Sua vida nos inspira, mostrando que, para frutificar no Reino de Deus, não é necessário ser vista pelos homens, mas sim, ser notada pelo coração de Jesus.

Ela se destacou em um caminho de serviço, dedicando seus recursos ao ministério de Jesus, sustentando com generosidade aqueles que espalhavam as boas novas. Joana nos ensina que o que temos em nossas mãos pode ser usado para abençoar e expandir o Reino de Deus. Seu ato de entrega foi um reflexo de um coração transformado pela graça de Cristo.

Joana estava presente no momento mais sombrio da história, acompanhando de perto o caminho do Calvário e, depois, sendo uma das primeiras a testemunhar a vitória da ressurreição. Sua coragem nos ensina que amadurecer na fé não significa apenas oferecer nossos recursos, mas também manter-se firme nos momentos de dor e incerteza, confiando que Deus, em Sua sabedoria, está agindo mesmo no silêncio.

Joana nos mostra que florir em Cristo é estar disposta a usar nossos dons, nossos recursos e nossa fé para servir ao Reino. Sua fidelidade à mensagem do evangelho a levou a ser uma testemunha do maior milagre da história, e sua vida nos ensina que Deus pode usar qualquer um, independentemente de sua posição ou contexto social, para realizar grandes coisas em Seu Reino.

Que possamos, como Joana, florescer na generosidade e coragem, usando o que temos nas mãos para servir ao nosso Senhor, sempre prontos para testemunhar as maravilhas que Ele opera em nossas vidas e ao nosso redor. Florescer em Cristo é um chamado à entrega total e à confiança plena de que Ele transforma o que somos e o que temos em um jardim de frutos eternos.

Semana 43

Pausa & Reflexão

Dia

01 Como estou honrando a Deus com os recursos que Ele me deu?

02 Tiago 1:12 nos diz: "Feliz é o homem que persevera na provação, porque, depois de aprovado, receberá a coroa da vida que Deus prometeu aos que o amam". Estou perseverando na minha fé, mesmo nos momentos de dificuldade?

03 Estou disposta a abrir mão do conforto e das expectativas sociais para seguir a Jesus, como Joana fez ao servir Cristo, mesmo sendo da casa de Herodes?

04 Joana foi uma das primeiras a testemunhar e anunciar a ressurreição de Jesus. Leia Atoa 1:8 e reflita: Como posso ser uma testemunha fiel do evangelho, anunciando a ressurreição de Cristo, como Joana foi uma das primeiras a testemunhar o túmulo vazio?

05 Como posso florescer em minha vida espiritual, crescendo em fé e generosidade, como Joana fez ao servir a Jesus com devoção e coragem?

Semana 43

Local

_____
(Preencha com o local de seu momento devocional)

Checklist

	Atividade	Data
☐	Leitura	____/____/____
☐	Dia 1	____/____/____
☐	Dia 2	____/____/____
☐	Dia 3	____/____/____
☐	Dia 4	____/____/____
☐	Dia 5	____/____/____
☐	Aplicação	____/____/____
☐	Oração	____/____/____

Semana 43

Reflexão

Tire um momento de pausa a cada dia da semana para meditar e refletir por meio das perguntas sugeridas. Use este espaço para anotar suas respostas.

Semana 43

Aplicação

O que você aprendeu com essa mulher da Bíblia e como pode aplicar esses ensinamentos em sua vida?

Semana 43

Oração

Use este espaço para escrever sua oração.

Semana 44

DATA DA SUA HISTÓRIA:
30 d.C.

LOCALIZAÇÃO EM QUE VIVEU
possivelmente em
Jerusalém

Sobre a Pobre Viúva

SACRIFÍCIO · GENEROSIDADE · FÉ

A Pobre Viúva é conhecida pela sua atitude de generosidade, quando ofereceu duas pequenas moedas no Templo, um gesto que Jesus usou para ensinar sobre o valor do sacrifício e a verdadeira devoção a Deus. Embora fosse uma mulher de poucos recursos materiais, seu ato de fé e entrega se tornou um exemplo profundo de como a oferta sincera, vinda do coração, é mais valiosa do que a abundância sem sacrifício.

Jesus estava no Templo, observando as pessoas que colocavam suas ofertas nas caixas de coleta. Muitos ricos depositavam grandes quantias de dinheiro, mas uma pobre viúva chegou e colocou apenas duas pequenas moedas de cobre, conhecidas como "dois leptos" – uma quantia muito pequena, equivalente a quase nada.

Diante desse ato, Jesus chamou Seus discípulos e disse: "Em verdade vos digo que esta viúva pobre deu mais do que todos os outros que estão colocando ofertas no gazofilácio" (Marcos 12:43). Ele explicou que os ricos haviam dado do que sobrava, enquanto a viúva, em sua pobreza, deu tudo o que possuía, "tudo o que tinha para viver".

A história da pobre viúva traz uma lição espiritual profunda sobre o significado da generosidade e sacrifício. Jesus não estava preocupado com a quantidade de dinheiro ofertado, mas com a intenção do coração e o nível de sacrifício envolvido. Os ricos ofereciam grandes quantias que, em suas vidas, não faziam diferença; enquanto isso, a viúva, em sua extrema pobreza, deu tudo o que tinha, confiando em Deus para prover suas necessidades.

A pobre viúva era uma das figuras mais vulneráveis da sociedade na época de Jesus. Sem marido para prover sua subsistência, ela provavelmente vivia à margem, dependendo de doações e da caridade alheia. No entanto, mesmo nessa situação de vulnerabilidade, ela escolheu dar tudo o que tinha para Deus.

O contexto social do tempo de Jesus valorizava os ricos e poderosos, mas a viúva, com sua pequena oferta, chamou a atenção de Jesus e se tornou o exemplo de fé verdadeira. A sociedade poderia não ter notado seu gesto, mas Jesus viu além das aparências e destacou sua generosidade como um modelo de devoção e fé.

A pobre viúva floresceu na generosidade do sacrifício, entregando tudo o que tinha com fé, e encontrou em Deus a força para viver plenamente.

Semana 44

Devoção
& Oração

LEITURA DA SEMANA
Marcos 12:41-44
Lucas 21:1-4

A história da pobre viúva é um poema de fé silencioso, um ato de entrega que ecoa pelos séculos. Ela não tinha muito, mas tinha tudo que era necessário para mover o coração de Deus: um espírito generoso, um coração cheio de fé e uma confiança inabalável em Seu cuidado. Enquanto os ricos colocavam grandes quantias no templo, ela chegou discretamente, com duas pequenas moedas – insignificantes aos olhos do mundo, mas poderosas aos olhos do Senhor.

O que essa viúva nos ensina é que o verdadeiro valor de uma oferta não está na quantidade, mas no sacrifício envolvido. Ela deu tudo o que tinha, tudo o que lhe restava para viver. A grandeza de seu ato não estava na materialidade, mas no coração por trás de cada gesto. Ela se destacou no sacrifício, oferecendo o pouco que tinha com uma fé que transcende o material.

Quantas vezes nos sentimos pequenas, achando que não temos o suficiente para dar – seja tempo, recursos ou até mesmo amor? A viúva nos lembra de que o que importa é a intenção, a generosidade que vem do coração. O que Deus vê não é o tamanho da nossa oferta, mas o quanto essa oferta representa de nós. Ela nos ensina que, mesmo na escassez, podemos confiar plenamente em Deus, entregando nosso melhor, por menor que seja.

Essa mulher, cujas palavras nem sequer foram registradas, foi vista por Jesus. Ele observou seu ato, silencioso, porém grandioso, e fez dela um exemplo para todos nós. Ela nos lembra que Deus vê o que está escondido e valoriza o que o mundo muitas vezes ignora. Seu gesto mostra que a verdadeira generosidade não é medida pelo que temos de sobra, mas pelo quanto estamos dispostas a entregar, mesmo que seja tudo o que temos.

A vida nos chama para dar, às vezes em meio à nossa própria necessidade. Como a viúva, somos desafiadas a confiar em Deus para suprir aquilo que entregamos. Florescemos não somente quando temos em abundância, mas quando damos com o coração, sabendo que Deus, em Sua infinita graça, cuida de nós e multiplica o que entregamos a Ele.

Semana 44

Pausa & Reflexão

Dia

01 Tenho oferecido a Deus o que me sobra ou estou disposta a dar com sacrifício, como a viúva que deu tudo o que tinha?

02 Filipenses 4:19 diz: "E o meu Deus, segundo a sua riqueza em glória, há de suprir, em Cristo Jesus, cada uma de vossas necessidades". Confio que Deus pode suprir todas as minhas necessidades, mesmo quando sou chamada a dar com sacrifício?

03 Leia 1 Samuel 16:7 e reflita: Estou dando mais valor à aparência e à quantidade do que ao coração por trás da oferta?

04 A viúva deu tudo, mesmo em sua pobreza, e foi elogiada por sua generosidade. Provérbios 11:25 diz: "Quem é generoso será próspero; quem dá alívio aos outros, alívio receberá". Como posso praticar a generosidade em minha vida diária, confiando que Deus multiplica cada ato de doação?

05 Tenho permitido que o pouco que tenho floresça pela fé, sabendo que Deus vê e valoriza até os menores gestos de entrega?

Semana 44

Local

(Preencha com o local de seu momento devocional)

Checklist

	Atividade	Data
☐	Leitura	____/____/____
☐	Dia 1	____/____/____
☐	Dia 2	____/____/____
☐	Dia 3	____/____/____
☐	Dia 4	____/____/____
☐	Dia 5	____/____/____
☐	Aplicação	____/____/____
☐	Oração	____/____/____

Local & Checklist | Pobre Viúva

Semana 44

Reflexão

Tire um momento de pausa a cada dia da semana para meditar e refletir por meio das perguntas sugeridas. Use este espaço para anotar suas respostas.

Semana 44

Aplicação

O que você aprendeu com essa mulher da Bíblia e como pode aplicar esses ensinamentos em sua vida?

Semana 44

Oração

Use este espaço para escrever sua oração.

Semana 45

DATA DA
SUA HISTÓRIA:
30 d.C.

LOCALIZAÇÃO
EM QUE VIVEU
Galileia
e Jerusalém

Sobre Salomé

— FIDELIDADE · AMBIÇÃO · SERVIÇO —

Salomé é uma personagem mencionada no Novo Testamento, relacionada principalmente com a crucificação de Jesus e seu sepultamento. Ela é a mãe dos discípulos Tiago e João, uma mulher devota e seguidora de Jesus, que aparece em momentos importantes de sua vida e ministério.

Salomé, aparece no Evangelho de Mateus quando faz um pedido audacioso a Jesus. Ela se aproxima de Jesus, prostrando-se diante d'Ele, e pede que seus filhos tenham uma posição de destaque em Seu reino, que um se sente à direita e outro à esquerda de Jesus quando Ele estabelecer Seu governo.

Jesus responde explicando que eles não sabiam o que estavam pedindo, pois a posição no reino de Deus não era uma questão de honra terrena, mas de sacrifício e serviço. Jesus questiona os filhos de Salomé sobre se estariam dispostos a beber o cálice de sofrimento que Ele estava prestes a beber, ao que eles prontamente respondem afirmativamente.

Salomé também aparece no relato da crucificação de Jesus, destacada entre as mulheres que permaneceram perto da cruz enquanto Jesus era crucificado. Entre as mulheres que assistiram à crucificação à distância, estavam Maria Madalena, Maria mãe de Tiago e José, e Salomé.

Essas mulheres, incluindo Salomé, seguiram Jesus desde a Galileia e o serviram durante o Seu ministério. Esse detalhe mostra a devoção e o compromisso de Salomé como seguidora fiel de Jesus, permanecendo perto d'Ele mesmo em Seus momentos finais.

Após a crucificação e o sepultamento de Jesus, Salomé aparece novamente, desta vez no relato da ressurreição de Jesus. Salomé, juntamente com Maria Madalena e Maria, mãe de Tiago, vai ao sepulcro de Jesus ao amanhecer no primeiro dia da semana. Elas levaram especiarias para ungir o corpo de Jesus, o que demonstra sua devoção até mesmo após Sua morte. Ao chegarem ao sepulcro, as mulheres encontraram a pedra removida e um anjo que lhes anunciou que Jesus havia ressuscitado. Salomé foi, portanto, uma das primeiras testemunhas da ressurreição de Cristo, um evento central da fé cristã.

Salomé floresceu na fidelidade e no serviço, buscando a grandeza para seus filhos, mas descobrindo que o verdadeiro florescer está em servir ao Reino com humildade.

Semana 45

Devoção
& Oração

LEITURA DA SEMANA
Mateus 20:20-28
Marcos 15:40-41
Marcos 16:1-2

A história de Salomé é um reflexo da alma materna, cheia de amor, ambição e fé. Como mãe, ela desejava o melhor para seus filhos, Tiago e João, e em um gesto de coragem, pediu a Jesus que reservasse para eles os lugares de honra em Seu reino. Seu pedido, embora movido por amor e zelo, trouxe à tona uma verdade maior: o caminho para a grandeza no Reino de Deus não passa pelo poder ou status, mas pelo serviço e pelo sacrifício.

Salomé, ao pedir por seus filhos, demonstrou aquilo que muitas de nós sentimos: o desejo de ver aqueles que amamos prosperarem, alcançarem o melhor. Mas Jesus, com Sua sabedoria infinita, respondeu de uma maneira que talvez tenha surpreendido Salomé. Ele explicou que no Seu reino, o verdadeiro crescimento não vem da ambição, mas da disposição de servir, de entregar-se aos outros, como Ele próprio fez. Para ser grande, é preciso ser humilde; para liderar, é preciso estar disposto a servir.

Essa lição profunda ecoa em nós, mulheres, que muitas vezes carregamos o fardo de fazer tudo por aqueles que amamos, acreditando que é na luta pelo melhor lugar que encontramos nossa realização. Mas a verdadeira grandeza está na nossa capacidade de servir, de nos entregar ao propósito que Deus nos deu, mesmo quando isso significa renunciar àquilo que consideramos honroso aos olhos do mundo.

Salomé não parou por aí. Ela esteve ao lado de Jesus nos momentos mais difíceis de Sua vida, presente à sombra da cruz, fiel até o último suspiro de Cristo. Essa imagem de Salomé, aos pés da cruz, nos ensina sobre a fidelidade e força feminina. Mesmo diante da dor e da perda, ela permaneceu firme, sabendo que o verdadeiro poder não está em ocupar lugares de destaque, mas em ser constante, em amar até o fim.

E quando, na manhã da ressurreição, Salomé foi ao túmulo para ungir o corpo de Jesus, ela foi testemunha do milagre mais grandioso: a vida que vence a morte. Aquele momento nos ensina que mesmo na nossa dor, quando servimos com fé, Deus transforma nossa tristeza em glória e nos faz frutificar de uma maneira que jamais imaginamos.

A história de Salomé nos lembra que o florescer verdadeiro não vem da busca por posição, mas do coração que se entrega ao serviço, à fidelidade, e ao amor incondicional. Que possamos florescer como Salomé, servindo com humildade, e confiando que, no tempo certo, Deus nos exalta e nos revela a verdadeira grandeza que Ele tem para nós.

Semana 45

Pausa & Reflexão

Dia

01 Salomé pediu que seus filhos ocupassem lugares de honra no reino de Jesus, mas Ele respondeu que a verdadeira grandeza vem do serviço. Mateus 23:11 também reforça: "O maior entre vocês deverá ser servo". Minha busca por sucesso e reconhecimento está baseada na ambição ou no desejo de servir aos outros?

02 Lucas 9:23 diz: "Se alguém quer vir após mim, negue-se a si mesmo, tome a sua cruz e siga-me". Estou disposta a enfrentar sacrifícios e desafios no caminho do discipulado?

03 Como posso aprender a ser fiel a Jesus, como Salomé foi, permanecendo ao lado d'Ele nos momentos mais difíceis?

04 Leia Filipenses 2:5-7 e reflita: Como posso cultivar uma atitude de serviço em minha vida, seguindo o exemplo de Jesus?

05 Estou disposta a abrir mão da busca por reconhecimento e poder para servir aos outros com humildade?

Semana 45

Local

(Preencha com o local de seu momento devocional)

Checklist

	Atividade	Data
☐	Leitura	____/____/____
☐	Dia 1	____/____/____
☐	Dia 2	____/____/____
☐	Dia 3	____/____/____
☐	Dia 4	____/____/____
☐	Dia 5	____/____/____
☐	Aplicação	____/____/____
☐	Oração	____/____/____

Semana 45

Reflexão

Tire um momento de pausa a cada dia da semana para meditar e refletir por meio das perguntas sugeridas. Use este espaço para anotar suas respostas.

Semana 45

Aplicação

O que você aprendeu com essa mulher da Bíblia e como pode aplicar esses ensinamentos em sua vida?

Semana 45

Oração

Use este espaço para escrever sua oração.

Semana 46

DATA DA
SUA HISTÓRIA:
34 d.C.

LOCALIZAÇÃO
EM QUE VIVEU
Jope

Sobre Tabita/Dorcas

GENEROSIDADE · SERVIÇO · ESPERANÇA

Tabita, também conhecida como Dorcas, é uma personagem bíblica mencionada no Livro de Atos dos Apóstolos. Ela é reconhecida por sua bondade, generosidade e atos de caridade. Seu nome é de origem aramaica (Tabita), e o equivalente grego é Dorcas, ambos significando "gazela". Dorcas é especialmente lembrada por sua ressurreição realizada por Pedro, que é um dos milagres mais notáveis descritos no Novo Testamento. Sua história ilustra o poder da fé e o impacto que uma vida dedicada ao serviço pode ter sobre uma comunidade.

Ela era conhecida por ajudar os necessitados, especialmente as viúvas, para quem costurava roupas e outros itens essenciais. No entanto, Tabita adoeceu e morreu, o que causou grande comoção entre aqueles que haviam sido tocados por sua generosidade. Seu corpo foi lavado e colocado em um quarto superior, enquanto seus amigos e a comunidade entristecida enviaram mensageiros até Pedro.

Ao chegar, Pedro encontrou muitas viúvas chorando e mostrando as roupas que Dorcas havia feito para elas. Pedro pediu para que todos saíssem da sala, ajoelhou-se e orou. Então, voltando-se para o corpo de Tabita, ele disse: "Tabita, levanta-te!". Ela abriu os olhos, e Pedro a ajudou a se levantar, restaurando sua vida. Este milagre teve um grande impacto em Jope, e muitos creram no Senhor após a ressurreição de Tabita.

O papel de Tabita como alguém que ajudava as viúvas era significativo, tanto em termos sociais quanto espirituais. Sua morte trouxe grande luto porque ela era uma mulher que impactava diretamente a vida de muitos. A ressurreição de Tabita foi um sinal de esperança para a comunidade e também uma maneira de fortalecer a fé em Jesus Cristo, especialmente por meio do trabalho de Seus apóstolos.

Tabita floresceu por meio de suas mãos generosas, fazendo com que sua bondade brotasse em cada vida que tocou, trazendo esperança onde havia necessidade.

Semana 46

Devoção
& Oração

LEITURA DA SEMANA
Atos 9:36-43

A história de Tabita é como uma obra delicada, onde cada gesto de generosidade e serviço vai criando uma trama de amor que transforma vidas. Ela não era uma mulher de grandes discursos ou títulos de prestígio, mas sua vida florescia através de suas mãos, que costuravam esperança e dignidade para aqueles ao seu redor. Viúvas e necessitados encontravam nela não apenas roupas, mas consolo, e em seus gestos silenciosos, Deus revelava o poder do serviço.

Tabita nos ensina que o verdadeiro crescimento está em usar o que temos, por mais simples que pareça, para tocar e transformar vidas. Ela não fez grandes milagres, mas suas pequenas ações, feitas com amor e compaixão, ecoaram profundamente em sua comunidade. Quantas vezes pensamos que o que temos a oferecer é insignificante? Tabita nos mostra que quando nossas mãos estão a serviço do próximo, nossa vida se torna um reflexo do amor de Deus.

E mesmo em sua morte, sua vida continuou a falar. Quando Tabita partiu, a cidade sentiu seu vazio, as viúvas choraram, e as roupas que ela havia costurado se tornaram um testemunho silencioso de seu impacto. Mas Deus, em Sua infinita graça, a trouxe de volta à vida por meio da oração de Pedro, não apenas para devolver-lhe o fôlego, mas para mostrar ao mundo que o serviço verdadeiro nunca morre – ele é ressuscitado e multiplicado.

A história de Tabita nos chama a refletir: como estamos usando nossos dons, por menores que pareçam, para impactar e fazer prosperar à nossa volta? Talvez nossas mãos costurem atos de bondade, talvez nossas palavras curem, ou nossos abraços consolem. O que importa é que, como Tabita, entreguemos o que temos nas mãos de Deus, confiando que Ele pode transformar o simples em extraordinário.

Tabita é um lembrete de que cada gesto de amor e serviço tem o poder de tocar o coração de Deus e transformar o mundo à nossa volta. Sua ressurreição foi mais do que um milagre físico; foi a renovação do impacto de uma vida dedicada a servir. Que possamos florescer como Tabita, sabendo que nosso verdadeiro valor está em servir ao próximo com amor, humildade e generosidade.

Semana 46

Pausa & Reflexão

Dia

01 1 Pedro 4:10 nos ensina: "Cada um exerça o dom que recebeu para servir aos outros, administrando fielmente a graça de Deus em suas várias formas". Tenho usado meus talentos para servir de maneira prática e abençoar as pessoas ao meu redor?

02 A morte de Tabita impactou toda a comunidade, especialmente as viúvas que dependiam de sua generosidade. Mateus 5:16 diz: "Assim brilhe a luz de vocês diante dos homens, para que vejam as suas boas obras e glorifiquem ao Pai de vocês, que está nos céus". Minha vida tem sido um exemplo de bondade e luz para aqueles que convivem comigo?

03 Tenho reconhecido o valor das pequenas ações de serviço, sabendo que mesmo os menores gestos podem trazer grande impacto?

04 Leia Provérbios 31:31 e reflita: Como posso deixar um legado duradouro de serviço, sendo lembrada por minha dedicação ao próximo?

05 Tenho buscado viver uma vida de fé que inspira os outros a crerem em Deus, como o testemunho da ressurreição de Tabita trouxe muitos à fé em Cristo?

Semana 46

Local

_____

(Preencha com o local de seu momento devocional)

Checklist

	Atividade	Data
☐	Leitura	____/____/____
☐	Dia 1	____/____/____
☐	Dia 2	____/____/____
☐	Dia 3	____/____/____
☐	Dia 4	____/____/____
☐	Dia 5	____/____/____
☐	Aplicação	____/____/____
☐	Oração	____/____/____

Local & Checklist | Tabita/Dorcas

Semana 46

Reflexão

Tire um momento de pausa a cada dia da semana para meditar e refletir por meio das perguntas sugeridas. Use este espaço para anotar suas respostas.

Semana 46

Aplicação

O que você aprendeu com essa mulher da Bíblia e como pode aplicar esses ensinamentos em sua vida?

Semana 46

Oração

Use este espaço para escrever sua oração.

Semana 47

DATA DA
SUA HISTÓRIA:
49 d.C.

LOCALIZAÇÃO
EM QUE VIVEU
Filipos

Sobre Lídia

— GENEROSIDADE · HOSPITALIDADE · FÉ —

Lídia vivia na cidade de Filipos, uma importante colônia romana na Macedônia. Embora fosse originária de Tiatira, que ficava na província da Ásia Menor (atual Turquia), ela se estabeleceu em Filipos como vendedora de púrpura. A púrpura era um corante muito caro, extraído de moluscos ou de certas plantas, usado em roupas da alta sociedade e da realeza. O fato de Lídia ser uma comerciante desse produto indica que ela era uma mulher de negócios bem-sucedida, com uma clientela influente. Na sociedade romana, as mulheres raramente ocupavam posições de destaque nos negócios, o que torna Lídia uma figura notável.

Lídia é conhecida como uma das primeiras convertidas ao cristianismo na Europa e como uma mulher influente e generosa que usou seus recursos para apoiar o ministério de Paulo e sua equipe missionária.

A história de Lídia começa quando Paulo, em sua segunda viagem missionária, foi direcionado por uma visão para ir à Macedônia, na atual Grécia, e pregar o evangelho. Ele chegou à cidade de Filipos, uma importante colônia romana, e, no sábado, procurou um local onde os judeus costumavam se reunir para orar, já que aparentemente não havia sinagogas em Filipos. Paulo e sua equipe encontraram um grupo de mulheres reunidas à beira de um rio para orar. Lídia, uma dessas mulheres, era uma vendedora de púrpura da cidade de Tiatira, uma cidade famosa por sua produção de tecidos e tintura roxa, um produto de luxo na época. Lídia era provavelmente uma mulher de negócios bem-sucedida, o que a colocava em uma posição influente.

Atos 16:14 descreve Lídia como uma mulher "temente a Deus", o que indica que ela era uma gentia que adorava o Deus de Israel, mas ainda não havia conhecido o evangelho de Cristo. Quando Paulo pregou, o texto diz que "o Senhor lhe abriu o coração" para receber a mensagem, e ela se converteu ao cristianismo. Ela e sua casa foram batizadas, e então ela convidou Paulo e sua equipe a se hospedarem em sua casa, mostrando hospitalidade e apoio ao ministério missionário.

A casa de Lídia era um local de acolhimento para a igreja de Filipos. A generosidade de Lídia e sua disposição em usar sua casa como um centro de reunião para os crentes demonstram sua devoção ao evangelho e seu comprometimento com a expansão do cristianismo.

Lídia floresceu na fé ao abrir seu coração para Deus e sua casa para o próximo, tornando-se um alicerce de generosidade e serviço no início da igreja.

Devoção & Oração

Semana 47

LEITURA DA SEMANA
Atos 16:11-15
Atos 16:40

A história de Lídia é como o desabrochar de uma flor, cujo crescimento foi regado pela fé, generosidade e busca pela verdade. Ela não era apenas uma mulher de negócios, masuma mulher de coração aberto, que encontrou no evangelho de Cristo a fonte da verdadeira transformação. Em seu encontro à beira do rio com Paulo, o Senhor abriu seu coração, e ali nasceu uma nova vida – uma vida de serviço, de entrega e de fé profunda.

Lídia não foi escolhida por acaso. Sua história nos ensina que não importa onde estamos ou o que fazemos, Deus nos encontra em nossos caminhos e transforma nossos corações. Lídia era uma vendedora de púrpura, um tecido de luxo, e mesmo com sua posição de sucesso no comércio, ela ansiava por algo mais – algo que nem o prestígio nem o sucesso financeiro poderiam lhe dar. Ela prosperou não por causa de sua riqueza, mas por causa de sua disposição em abrir sua casa e sua vida para o evangelho.

Quando seu coração foi tocado pela mensagem de Cristo, Lídia não guardou isso apenas para si. Ela abriu as portas de sua casa, fazendo dela um local de acolhimento e apoio para Paulo e seus companheiros. Em um tempo em que as mulheres tinham um papel limitado na sociedade, Lídia se destacou por sua generosidade e liderança, oferecendo o que tinha – sua hospitalidade, seus recursos e sua fé. Sua casa tornou-se um ponto de luz para a igreja em Filipos, onde os primeiros cristãos encontravam força e esperança.

Lídia nos ensina que o verdadeiro crescimento vem quando usamos tudo o que temos, não para nosso próprio benefício, mas para o bem do Reino. Não importa se somos empresárias, mães, líderes ou donas de casa – Deus pode usar cada uma de nós de maneiras surpreendentes quando entregamos o que temos em Suas mãos. Ele abre nosso coração para receber Sua palavra e, por meio de nós, abre portas para que outros também possam ser transformados.

Florescer como Lídia significa abrir o coração para Deus e estender as mãos para o próximo. Significa usar nossas habilidades, nosso tempo e até nossos lares como instrumentos de amor e de transformação. Lídia é um lembrete de que, quando permitimos que Deus entre em nossas vidas, Ele gera em nós um impacto eterno, que vai muito além das riquezas e dos bens materiais.

Que possamos seguir o exemplo de Lídia, permitindo que Deus nos use onde estamos, com o que temos, para que, por meio de nossas vidas, outros também possam conhecer o amor transformador de Cristo. Floresçamos na fé, na generosidade e no serviço, como mulheres que fazem a diferença onde Deus nos planta.

Semana 47

Pausa & Reflexão

Dia

01 Tenho permitido que Deus abra meu coração para Sua verdade, como Lídia fez ao ouvir a mensagem de Paulo?

02 Lídia usou o que tinha – sua casa e sua hospitalidade – para apoiar Paulo e a igreja nascente em Filipos. 1 Pedro 4:10 nos diz: "Cada um exerça o dom que recebeu para servir aos outros, administrando fielmente a graça de Deus em suas várias formas". Tenho oferecido meus dons e recursos para o serviço do Reino de Deus?

03 Leia Romanos 12:13 e reflita: Como posso abrir minha vida e meus recursos para acolher os outros em amor e generosidade?

04 Minha fé tem inspirado outros a buscar a Deus, assim como a vida de Lídia impactou sua casa e a igreja em Filipos?

05 Jeremias 29:13 nos lembra: "Vocês me buscarão e me acharão quando me buscarem de todo o coração". Tenho buscado a Deus com todo o meu coração e me comprometido em ser parte ativa no que Ele está fazendo no mundo?

Semana 47

Local

_____

(Preencha com o local de seu momento devocional)

Checklist

Atividade	Data
☐ Leitura	____/____/____
☐ Dia 1	____/____/____
☐ Dia 2	____/____/____
☐ Dia 3	____/____/____
☐ Dia 4	____/____/____
☐ Dia 5	____/____/____
☐ Aplicação	____/____/____
☐ Oração	____/____/____

Semana 47

Reflexão

Tire um momento de pausa a cada dia da semana para meditar e refletir por meio das perguntas sugeridas. Use este espaço para anotar suas respostas.

Semana 47

Aplicação

O que você aprendeu com essa mulher da Bíblia e como pode aplicar esses ensinamentos em sua vida?

Semana 47

Oração

Use este espaço para escrever sua oração.

Semana 48

DATA DA SUA HISTÓRIA:
49 d.C.

LOCALIZAÇÃO EM QUE VIVEU
Listra

Sobre Eunice
FÉ · SABEDORIA · LEGADO

Eunice é a mãe de Timóteo, um dos colaboradores mais próximos de Paulo, e é admirada por sua fé genuína e seu papel na formação espiritual do filho. Eunice, juntamente com sua mãe Loide, são destacadas por sua influência espiritual na vida de Timóteo, criando um legado de fé que teve um impacto duradouro na igreja primitiva.

Paulo elogia a fé sincera de Timóteo, destacando a herança espiritual que ele recebeu de sua mãe Eunice e sua avó Loide. Paulo escreve a Timóteo: "Lembro-me da tua fé sincera, que primeiro habitou em tua avó Loide e em tua mãe Eunice, e, estou convencido, também em ti".

Este versículo revela que Eunice tinha uma fé sólida e autêntica, que ela transmitiu a seu filho. A fé de Eunice é descrita como sincera, sem hipocrisia, e enraizada em uma relação genuína com Deus. Sua devoção espiritual influenciou profundamente Timóteo, que se tornou um importante líder da igreja primitiva.

Eunice é também mencionada de forma indireta em Atos 16:1, onde Lucas relata a visita de Paulo à cidade de Listra, onde Timóteo morava. A passagem descreve Timóteo como "filho de uma mulher judia que era crente, mas de pai grego". Eunice, sendo judia e crente, ensinou as Escrituras a Timóteo desde a infância, conforme sugerido em 2 Timóteo 3:15, onde Paulo afirma que Timóteo conhecia as Sagradas Escrituras desde a infância.

Essa menção a Eunice em Atos também revela que ela era casada com um grego, possivelmente um pagão, que aparentemente não compartilhava de sua fé judaica ou cristã. Mesmo assim, Eunice manteve sua devoção a Deus e criou Timóteo no conhecimento das Escrituras, mostrando sua dedicação à fé, apesar das circunstâncias familiares desafiadoras.

Eunice, foi uma mulher de grande fé e mãe de Timóteo, um dos colaboradores mais próximos do apóstolo Paulo. Ela é lembrada por sua fé sincera e por ensinar as Escrituras a Timóteo desde a infância, deixando um legado espiritual que impactou a igreja primitiva. Sua vida nos ensina sobre a importância de uma fé genuína, da educação espiritual desde cedo e do poder de transmitir a fé de geração em geração.

Eunice floresceu na fé ao cultivar em seu filho a semente das Escrituras, deixando um legado que impactou gerações.

Semana 48

Devoção & Oração

LEITURA DA SEMANA
2 Timóteo 1:5/
Atos 16:1

A história de Eunice é como uma semente plantada em solo fértil, silenciosa, mas poderosa. Ela é o exemplo de uma mulher cuja fé não apenas cresceu em sua própria vida, mas também em seu lar, por meio de seu filho, Timóteo. Sem grandes títulos ou reconhecimento público, Eunice deixou um legado eterno ao transmitir a fé de forma genuína e amorosa. Sua vida nos lembra que o impacto de uma mãe, uma mentora, uma mulher de fé, pode ser profundo e transformar gerações.

Eunice viveu em tempos difíceis, num contexto familiar onde a fé podia facilmente se perder. Casada com um grego, possivelmente alguém que não compartilhava de sua crença, ela poderia ter se afastado de suas raízes judaicas e da fé que herdara de sua mãe, Loide. Mas Eunice escolheu perseverar, decidiu ensinar as Escrituras ao seu filho, e o fez com dedicação, mesmo em um ambiente adverso. Ela sabia que a semente da fé precisa ser cultivada, regada com amor e oração.

Como mulheres, muitas vezes nos perguntamos se estamos realmente fazendo a diferença. Será que nossas ações diárias, nossos ensinamentos, nossas orações silenciosas, têm algum impacto duradouro? A história de Eunice nos mostra que sim. A fé que ela plantou no coração de Timóteo frutificou de uma forma que impactou toda a igreja primitiva. Ela talvez nunca tenha pregado um sermão ou liderado uma congregação, mas sua influência foi vital para o crescimento da igreja, por meio de seu filho.

A vida de Eunice nos ensina que a verdadeira grandeza não está nos grandes feitos visíveis aos olhos do mundo, mas nos pequenos atos diários de amor e fé. É na oração silenciosa, nas histórias que contamos a nossos filhos, nos valores que cultivamos no coração daqueles ao nosso redor, que o Reino de Deus cresce. Não subestimemos o poder de nossas ações diárias, pois Deus usa cada uma delas para construir algo maior.

Assim como Eunice, somos chamadas a florescer onde Deus nos plantou. Sejamos mães, mentoras, amigas, ou líderes, que como ela, semeiam a Palavra com fé e persistência. Floresçamos na fé, sabendo que, mesmo que nossos olhos não vejam o fruto imediato, Deus está trabalhando, e a colheita virá. Eunice é um lembrete de que nosso legado espiritual pode impactar vidas que nunca conheceremos pessoalmente, mas que, por meio da graça de Deus, carregarão a marca da nossa fé.

Que possamos ser mulheres que plantam sementes de fé em nossos lares, comunidades e onde quer que Deus nos leve, confiando que Ele fará essas sementes florescerem para Sua glória.

Semana 48

Pausa & Reflexão

Dia

01 Deuteronômio 6:6-7 nos ensina: "Estas palavras que hoje te ordeno estarão no teu coração; e as inculcarás a teus filhos". Tenho sido diligente em ensinar a Palavra de Deus às futuras gerações, sejam meus filhos, sobrinhos ou outros jovens ao meu redor?

02 Minha fé é genuína e inspiradora para aqueles que convivem comigo?

03 Leia Provérbios 22:6 e reflita: Estou comprometida em ensinar a Palavra de Deus de maneira consistente, independentemente dos obstáculos?

04 Tenho fé suficiente para acreditar que minhas orações e ensinamentos terão um impacto duradouro, como a fé de Eunice impactou Timóteo?

05 1 Coríntios 7:14 fala sobre a santificação de um lar por meio da fé de um cônjuge crente: "Porque o marido descrente é santificado pela mulher". Como posso manter minha fé viva e forte, mesmo em um ambiente onde nem todos compartilham das minhas crenças, assim como Eunice fez em um lar com um marido não crente?

Semana 48

Local

_____

(Preencha com o local de seu momento devocional)

Checklist

Atividade	Data
☐ Leitura	____/____/____
☐ Dia 1	____/____/____
☐ Dia 2	____/____/____
☐ Dia 3	____/____/____
☐ Dia 4	____/____/____
☐ Dia 5	____/____/____
☐ Aplicação	____/____/____
☐ Oração	____/____/____

Semana 48

Reflexão

Tire um momento de pausa a cada dia da semana para meditar e refletir por meio das perguntas sugeridas. Use este espaço para anotar suas respostas.

Semana 48

Aplicação

O que você aprendeu com essa mulher da Bíblia e como pode aplicar esses ensinamentos em sua vida?

Semana 48

Oração

Use este espaço para escrever sua oração.

Semana 49

DATA DA
SUA HISTÓRIA:
51 d.C.

LOCALIZAÇÃO
EM QUE VIVEU
Roma,
Corinto e Éfeso

Sobre Priscila

LIDERANÇA · HOSPITALIDADE · SABEDORIA

Priscila é uma personagem importante do Novo Testamento, mencionada em diversos textos bíblicos como uma das colaboradoras mais próximas de Paulo no ministério. Ela é frequentemente mencionada junto a seu marido, Áquila, e ambos desempenharam um papel fundamental no crescimento da igreja primitiva, oferecendo hospitalidade e ensino.

Priscila e Áquila eram judeus convertidos ao cristianismo. Eles se conheceram com o apóstolo Paulo em Corinto, onde Paulo foi morar e trabalhar com eles por algum tempo. Eles compartilhavam a mesma profissão de fabricantes de tendas. Priscila e Áquila foram expulsos de Roma após um decreto do imperador Cláudio, que ordenava a saída de todos os judeus. Essa expulsão os levou a Corinto, onde encontraram Paulo, e uma forte amizade e parceria no ministério começou.

Depois de trabalhar com Paulo em Corinto, Priscila e Áquila viajaram com ele para Éfeso. Quando Paulo decidiu seguir viagem, Priscila e Áquila permaneceram em Éfeso para continuar o ministério naquela cidade. Sua disposição de viajar e se estabelecer em diferentes lugares para apoiar a obra de Deus é uma marca de sua dedicação ao evangelho.

Uma das contribuições mais notáveis de Priscila foi seu papel de ensinadora. Em Atos 18:24-26, é relatado que Apolo, um homem eloquente e conhecedor das Escrituras, chegou a Éfeso. Embora fosse um pregador talentoso, Apolo conhecia apenas o batismo de João e precisava de uma compreensão mais completa da fé cristã. Priscila e Áquila o acolheram e "lhe expuseram com mais exatidão o caminho de Deus". Esse evento destaca Priscila como uma mulher que tinha uma forte compreensão teológica e era capaz de ensinar e corrigir outros na fé.

Priscila e Áquila viveram no contexto do Império Romano, e como judeus convertidos ao cristianismo, eles enfrentaram perseguições, incluindo a expulsão de Roma no reinado de Cláudio. Os cristãos daquela época muitas vezes se reuniam em casas, e Priscila, com seu marido, abriu a casa em diferentes cidades, como Roma e Éfeso, para que a igreja primitiva pudesse crescer.

Priscila floresceu no ensino e na hospitalidade, cultivando fé e crescimento na igreja primitiva com sabedoria e dedicação.

Sobre | Priscila

Semana 49

Devoção & Oração

LEITURA DA SEMANA
Atos 18:1-3
Atos 18:18-26
Romanos 16:3-5
1 Coríntios 16:19

A história de Priscila é como uma árvore de raízes profundas, que frutifica em meio à simplicidade e à fé. Ela e seu marido, Áquila, são exemplos de como parceria, serviço e liderança podem transformar vidas e construir comunidades de fé. Priscila não buscava reconhecimento, mas seu impacto foi sentido em todas as cidades por onde passou, acolhendo e ensinando, com sabedoria e humildade, aqueles que buscavam a verdade de Cristo.

A força de Priscila não estava em títulos ou posições de destaque, mas em sua dedicação silenciosa e constante ao evangelho. Sua casa, muitas vezes um refúgio para a igreja, foi um lugar onde vidas foram transformadas e líderes foram formados. Ela não só abriu suas portas, mas abriu seu coração e sua mente para aqueles que precisavam de direção e cuidado.

Em um tempo em que as mulheres não eram frequentemente vistas como líderes, Priscila se destacou como uma ensinadora e mentora. Com Áquila, ela ensinou Apolo, um homem eloquente e conhecedor das Escrituras, mas que ainda precisava de uma compreensão mais completa. Eles o acolheram, e com humildade e discernimento, Priscila ajudou a moldar seu ministério, mostrando que o ensino é uma forma poderosa de gerar impacto no Reino de Deus. O ensino de Priscila não foi agressivo, mas firme e amoroso, um lembrete de que podemos guiar outros com sabedoria e gentileza.

A história de Priscila nos convida a refletir sobre nosso papel no Reino de Deus. Talvez não tenhamos uma plataforma grande ou títulos importantes, mas podemos impactar vidas por meio do serviço fiel, da hospitalidade sincera e do ensino cuidadoso. Priscila é um exemplo de como Deus usa corações disponíveis para realizar grandes coisas.

Florescer como Priscila significa usar nossas habilidades e dons, não para buscar reconhecimento, mas para fortalecer aqueles ao nosso redor. Significa estar dispostas a sermos parceiras, mentoras e ensinadoras, mesmo em meio aos desafios da vida. Assim como Priscila, somos chamadas a abrir nossos lares, nossos corações e nossas mentes para que o evangelho cresça em nós e por meio de nós.

Que possamos aprender com Priscila a importância da humildade, da sabedoria e da generosidade no serviço a Deus. Que nossas vidas sejam lugares de crescimento, onde a fé floresça e inspire outros a buscar mais de Deus, sabendo que mesmo os pequenos atos de serviço podem ter um impacto eterno.

Semana 49

Pausa & Reflexão

Dia

01 Como estou usando meus dons e conhecimentos para ensinar e orientar os outros, como Priscila fez ao ensinar Apolo?

---

02 Hebreus 13:2 nos lembra: "Não se esqueçam da hospitalidade, pois alguns, sem o saberem, hospedaram anjos". Estou abrindo minha casa e minha vida para apoiar a comunidade cristã e criar um ambiente de crescimento espiritual?

---

03 Priscila e Áquila trabalharam juntos como uma equipe no ministério e no serviço ao Senhor. Eclesiastes 4:9 diz: "Melhor é serem dois do que um, porque têm melhor paga do seu trabalho". Tenho cultivado parcerias no ministério, tanto no casamento quanto nas amizades, para fortalecer o Reino de Deus?

---

04 Leia Colossenses 4:6 e reflita: Como tenho tratado aqueles que precisam de correção e orientação espiritual, com paciência e sabedoria?

---

05 Mateus 16:25 diz: "Pois quem quiser salvar a sua vida, a perderá, e quem perder a sua vida por minha causa, a encontrará". Tenho sido corajosa em minha fé, disposta a sacrificar meu conforto ou segurança pela causa de Cristo?

Semana 49

Local

_____

(Preencha com o local de seu momento devocional)

Checklist

	Atividade	Data
☐	Leitura	____/____/____
☐	Dia 1	____/____/____
☐	Dia 2	____/____/____
☐	Dia 3	____/____/____
☐	Dia 4	____/____/____
☐	Dia 5	____/____/____
☐	Aplicação	____/____/____
☐	Oração	____/____/____

Semana 49

Reflexão

Tire um momento de pausa a cada dia da semana para meditar e refletir por meio das perguntas sugeridas. Use este espaço para anotar suas respostas.

Semana 49

Aplicação

O que você aprendeu com essa mulher da Bíblia e como pode aplicar esses ensinamentos em sua vida?

Semana 49

Oração

Use este espaço para escrever sua oração.

Semana 50

DATA DA SUA HISTÓRIA:
62 d.C.

LOCALIZAÇÃO EM QUE VIVEU
Cencreia

Sobre Febe

SERVIÇO · GENEROSIDADE · FIDELIDADE

Febe é descrita como uma mulher de grande importância na igreja primitiva, tendo sido uma líder serva e uma apoiadora ativa do ministério. Febe é uma das poucas mulheres mencionadas por Paulo que desempenhou um papel de destaque, especialmente em termos de liderança e serviço à comunidade cristã.

Febe era uma mulher cristã ativa na igreja de Cencreia, um porto próximo a Corinto. O termo grego usado para descrever Febe é diákonos, que pode ser traduzido como "diaconisa", "ministra" ou "serva". Isso indica que Febe desempenhava um papel de liderança e serviço significativo na comunidade cristã. Ela era conhecida por seu apoio a muitos, incluindo o próprio Paulo.

Muitos estudiosos acreditam que Febe foi a portadora da própria Carta aos Romanos, a famosa epístola que Paulo escreveu para a igreja em Roma. Isso sugere que Paulo confiava plenamente em Febe para entregar e talvez até explicar esta importante carta, que contém profundas doutrinas e ensinamentos. Sua responsabilidade como portadora da carta evidencia a confiança que Paulo depositava nela, além de seu papel de liderança.

O termo protetora ou benfeitora pode significar que Febe tinha recursos financeiros consideráveis e que os usava para apoiar o ministério de Paulo e de outros missionários.

Sua generosidade era reconhecida, e ela era valorizada por sua hospitalidade e disposição em ajudar. A confiança de Paulo ao recomendar Febe à igreja em Roma e sua missão de entregar a carta revelam sua importância no ministério e sua dedicação à obra do evangelho.

> *Febe floresceu no serviço e na generosidade, sustentando a igreja com sua liderança e fazendo o evangelho crescer onde suas mãos alcançavam.*

Semana 50

Devoção & Oração

LEITURA DA SEMANA
Romanos 16:1-2

A história de Febe é um belo exemplo de como a força e a generosidade podem crescer em corações dispostos ao serviço. Ela surge nas páginas do Novo Testamento como uma mulher de caráter sólido e uma fé que se traduz em ação. Febe não apenas servia à igreja, ela carregava o evangelho consigo – literal e simbolicamente. Ao ser confiada por Paulo para levar sua carta à igreja em Roma, Febe demonstrou que a confiança em Deus e o compromisso com o Reino podem ser representados em gestos de cuidado, hospitalidade e liderança.

Ela se destacou não em plataformas visíveis, mas no campo da ação fiel e discreta, sustentando o ministério e aqueles ao seu redor com seu coração generoso e mãos dispostas a servir. A menção de Paulo a Febe revela muito mais do que palavras formais; revela o impacto de uma mulher que não só cuidou da igreja em Cencreia, mas também foi a portadora de uma mensagem que mudaria o mundo. Febe, com o pergaminho de Paulo em mãos, carregava a esperança, o ensino e a doutrina que fortaleceriam a igreja primitiva.

Febe nos ensina que, mesmo nas tarefas que parecem simples, Deus está agindo de maneiras extraordinárias. Seu nome, mencionado brevemente nas Escrituras, carrega um peso imenso – o peso da fidelidade. Ela nos lembra que não é o tamanho da nossa plataforma que determina nosso impacto, mas sim a sinceridade do nosso serviço e a disposição de servir onde Deus nos coloca.

Como Febe, somos chamadas a abrir nossos corações para que outros possam ser abençoados através de nós. Cada ato de generosidade, cada gesto de cuidado é uma semente plantada no Reino de Deus, e, como Febe, podemos confiar que essas sementes florescerão em frutos que fortalecerão a fé e a esperança em muitos.

Florescer como Febe significa servir sem buscar reconhecimento, doar sem medir o que será recebido, e confiar que, nas mãos de Deus, cada ato de obediência tem um propósito eterno. Que possamos, como ela, carregar o evangelho em nossos corações, em nossas mãos e em nossas vidas, deixando um legado de fé, serviço e generosidade.

Semana 50

Pausa & Reflexão

Dia

01 Como tenho usado meus dons e recursos para servir e apoiar a igreja e a comunidade?

---

02 Paulo menciona que Febe foi uma grande ajuda para ele e para muitas outras pessoas, possivelmente por meio de seu apoio financeiro e hospitalidade. Estou sendo generosa com meu tempo, recursos e amor, acolhendo e ajudando aqueles que servem ao Senhor?

---

03 Coríntios 4:2 nos lembra: "Ora, além disso, o que se requer dos despenseiros é que cada um seja encontrado fiel". Tenho sido fiel nas responsabilidades que Deus me confiou, independentemente de sua magnitude?

---

04 Tenho praticado hospitalidade e acolhido as pessoas com amor e cuidado, assim como Paulo instruiu a igreja em Roma a fazer com Febe?

---

05 Leia Gálatas 6:9 e reflita: Estou florescendo no serviço e no cuidado com o próximo, usando meu papel para abençoar e edificar os outros, como Febe fez?

Semana 50

Local

(Preencha com o local de seu momento devocional)

Checklist

Atividade	Data
☐ Leitura	____/____/____
☐ Dia 1	____/____/____
☐ Dia 2	____/____/____
☐ Dia 3	____/____/____
☐ Dia 4	____/____/____
☐ Dia 5	____/____/____
☐ Aplicação	____/____/____
☐ Oração	____/____/____

Semana 50

Reflexão

Tire um momento de pausa a cada dia da semana para meditar e refletir por meio das perguntas sugeridas. Use este espaço para anotar suas respostas.

Semana 50

Aplicação

O que você aprendeu com essa mulher da Bíblia e como pode aplicar esses ensinamentos em sua vida?

Semana 50

Oração

Use este espaço para escrever sua oração.

Semana 51

DATA DA
SUA HISTÓRIA:
62 d.C.

LOCALIZAÇÃO
EM QUE VIVEU
Filipos

Sobre Síntique e Evódia

LIDERANÇA · COMPROMISSO · UNIDADE

Síntique é uma personagem mencionada no Novo Testamento, especificamente na Carta de Paulo aos Filipenses. Embora pouco se saiba sobre ela, sua breve menção revela aspectos importantes sobre a vida e os desafios da igreja primitiva, especialmente no que diz respeito à unidade e ao trabalho conjunto para o evangelho. Síntique é mencionada junto a outra mulher chamada Evódia, com quem parece ter tido um conflito, que Paulo exorta a resolver.

Embora não haja detalhes sobre a natureza do desacordo entre elas, o fato de Paulo abordá-las diretamente sugere que o conflito era conhecido pela igreja e relevante o suficiente para impactar a comunidade cristã de Filipos. Paulo, então, pede a um "verdadeiro companheiro" (possivelmente um líder da igreja local) que ajude as duas a resolverem suas diferenças.

Paulo destaca que tanto Síntique quanto Evódia eram mulheres que haviam trabalhado com ele no evangelho, junto a Clemente e outros cooperadores. Isso sugere que ambas eram mulheres ativas e influentes na igreja, engajadas no ministério cristão. Elas não eram simplesmente participantes passivas, mas tinham um papel importante no avanço da mensagem de Cristo. Sua dedicação ao evangelho é reforçada quando Paulo menciona que seus nomes estão "no livro da vida", uma expressão que denota a salvação e a participação na comunidade dos santos.

Síntique e Evódia viveram na cidade de Filipos, uma cidade com uma forte presença militar e uma mistura cultural, onde o cristianismo estava se expandindo. As igrejas primitivas, especialmente em áreas como Filipos, eram formadas por comunidades que muitas vezes se reuniam em casas e eram lideradas por líderes locais, incluindo mulheres como Síntique e Evódia.

Naquela época, mulheres desempenhavam papéis significativos na igreja, muitas vezes servindo como líderes de igrejas domésticas ou colaboradoras ativas no ministério. O envolvimento de Síntique e Evódia no trabalho missionário, ao lado de Paulo, sugere que elas eram figuras de destaque em sua comunidade cristã. No entanto, como em qualquer grupo, havia desafios de relacionamento, e o conflito entre elas precisava ser resolvido para manter a harmonia na igreja.

Síntique e Evódia floresceram no serviço ao evangelho, e pela unidade restaurada, encontraram força para fazer o Reino de Deus crescer ainda mais.

Semana 51

Devoção
& Oração

LEITURA DA SEMANA
Filipenses 4:2-31

A história de Síntique e Evódia é uma narrativa de força e desafio, de duas mulheres que caminharam lado a lado no serviço ao evangelho, mas que, em algum momento, se viram em desacordo. Elas não eram inimigas, mas companheiras de jornada, e o apelo de Paulo para que resolvessem suas diferenças revela a profundidade da importância da unidade no corpo de Cristo. O conflito entre elas não apaga suas conquistas, mas nos lembra da humanidade que carregamos, mesmo ao servir a Deus com devoção.

Paulo as exorta a reconciliação, não como uma simples solução de paz temporária, mas como uma restauração do espírito, uma cura que vai além do entendimento humano. O Reino de Deus exige mais do que trabalho árduo; exige que nosso coração esteja em paz com aqueles ao nosso redor. E, para Síntique e Evódia, isso significava reconhecer suas diferenças e buscar uma unidade mais profunda, uma unidade que reflete o caráter de Cristo.

No calor do dia a dia, nas responsabilidades e pressões, conflitos podem surgir até mesmo entre aquelas que compartilham os mesmos valores e fé. Mas a história de Síntique e Evódia nos ensina que, mais importante do que evitar conflitos, é buscar o caminho da reconciliação com humildade e amor.

O que Paulo nos lembra por meio dessas duas mulheres é que a grandeza no Reino não está apenas no serviço visível, mas na capacidade de resolvermos nossas diferenças com maturidade e graça. Quando mulheres de fé decidem não apenas olhar para as suas próprias razões, mas para o bem maior do corpo de Cristo, elas florescem de uma maneira que reflete o verdadeiro propósito de Deus para suas vidas.

A reconciliação não é sinal de fraqueza, mas de força interior. Síntique e Evódia nos mostram que o caminho da paz exige coragem, e é por meio da paz que o Reino de Deus avança com mais poder. Quando nossas diferenças são resolvidas em amor, nos tornamos um reflexo mais claro de Cristo para o mundo.

Que possamos, como Síntique e Evódia, florescer não apenas em nossas obras, mas também em nossos relacionamentos, lembrando sempre que, ao nos reconciliarmos, estamos plantando sementes de paz que fazem o Reino de Deus crescer ainda mais forte.

Semana 51

Pausa & Reflexão

Dia

01 — Estou disposta a abrir mão do meu orgulho e buscar reconciliação quando surgem conflitos, como Paulo exortou Síntique e Evódia a fazerem?

---

02 — Salmo 133:1 nos lembra: "Como é bom e agradável quando os irmãos convivem em união!". Como posso cultivar a unidade no corpo de Cristo, mesmo em meio às diferenças de opinião e personalidade?

---

03 — Leia Mateus 5:9 e reflita: Estou trabalhando com maturidade para resolver conflitos, entendendo que a unidade é vital para o avanço do evangelho, como Síntique e Evódia foram chamadas a fazer?

---

04 — Filipenses 2:3-4 diz: "Nada façam por ambição egoísta ou por vaidade, mas humildemente considerem os outros superiores a vocês mesmos". Minhas ações refletem a prioridade do Reino de Deus sobre minhas preferências pessoais?

---

05 — Gálatas 6:2 diz: "Levem os fardos pesados uns dos outros e, assim, cumpram a lei de Cristo". Tenho humildade para pedir ajuda quando necessário, permitindo que outros me auxiliem no processo de reconciliação?

Semana 51

Local

_____

(Preencha com o local de seu momento devocional)

Checklist

	Atividade	Data
☐	Leitura	____/____/____
☐	Dia 1	____/____/____
☐	Dia 2	____/____/____
☐	Dia 3	____/____/____
☐	Dia 4	____/____/____
☐	Dia 5	____/____/____
☐	Aplicação	____/____/____
☐	Oração	____/____/____

Semana 51

Reflexão

Tire um momento de pausa a cada dia da semana para meditar e refletir por meio das perguntas sugeridas. Use este espaço para anotar suas respostas.

Semana 51

Aplicação

O que você aprendeu com essa mulher da Bíblia e como pode aplicar esses ensinamentos em sua vida?

Semana 51

Oração

Use este espaço para escrever sua oração.

Oração | Síntique e Evódia

Semana 52

DATA DA SUA HISTÓRIA:
62 d.C.

LOCALIZAÇÃO EM QUE VIVEU
Roma

Sobre Júnia

— LIDERANÇA · CORAGEM · FIDELIDADE —

A menção de Júnia é breve, mas significativa, especialmente no contexto do papel das mulheres no ministério cristão. A única menção de Júnia na Bíblia está em Romanos 16:7, onde Paulo escreve: "Saúdem Andrônico e Júnia, meus parentes e companheiros de prisão; eles se destacam entre os apóstolos e estavam em Cristo antes de mim".

Essa saudação de Paulo é rica em significado. Júnia, com Andrônico (possivelmente seu marido), é descrita como alguém que foi presa com Paulo, sugerindo que ambos estavam profundamente envolvidos no ministério e na pregação do evangelho. Eles são identificados como "parentes" de Paulo, o que pode significar que eram da mesma linhagem ou tribo judaica. A expressão "notáveis entre os apóstolos" gerou muito debate, pois alguns acreditam que isso sugere que Júnia era reconhecida como apóstola, enquanto outros entendem que ela era altamente respeitada entre os apóstolos.

Além disso, Paulo menciona que Júnia e Andrônico estavam "em Cristo antes de mim", o que sugere que eles se converteram ao cristianismo antes de Paulo, possivelmente logo após a morte e ressurreição de Jesus. Júnia viveu em um período de intensa perseguição aos cristãos, especialmente durante o início do movimento cristão. Como o Império Romano via o cristianismo como uma ameaça, muitos dos primeiros líderes enfrentaram prisão, tortura e, em alguns casos, a morte. A menção de que Júnia e Andrônico estiveram presos por causa de sua fé destaca o sacrifício que os primeiros cristãos estavam dispostos a fazer por sua crença em Cristo.

O papel das mulheres na igreja primitiva também era mais proeminente do que muitas vezes se reconhece. Mulheres como Júnia, Priscila e Febe desempenharam papéis importantes no crescimento do cristianismo, tanto em liderança quanto no serviço. A inclusão de Júnia como alguém "notável entre os apóstolos" sugere que, no início do cristianismo, as mulheres eram vistas como líderes espirituais e colaboradoras na missão de difundir o evangelho.

Júnia floresceu na liderança do evangelho, desafiando limites e sendo reconhecida entre os apóstolos como um exemplo de fé e coragem.

Semana 52

Devoção & Oração

LEITURA DA SEMANA
Romanos 16

A história de Júnia, embora sua menção nas Escrituras seja breve, revela o profundo impacto de sua vida. Júnia não é apenas um nome entre muitos; ela é uma mulher que desafiou as convenções de seu tempo, reconhecida como "notável entre os apóstolos". Sua vida reflete coragem e ousadia, uma líder que se destacou em meio à adversidade, mantendo-se firme no chamado de Deus.

Ela cresceu na liderança, sem medo de enfrentar a perseguição. Júnia não seguiu o caminho da segurança, mas sim o da verdade, sendo uma das primeiras a crer e a pregar o evangelho. Ao lado de Andrônico, ela percorreu o caminho do ministério, enfrentando prisões e desafios, mas sem perder a fé.

Para as mulheres de hoje, Júnia nos ensina que não há limites para o que Deus pode fazer por meio de uma vida entregue a Ele. Mesmo em uma época onde as vozes femininas eram frequentemente silenciadas, a liderança de Júnia foi ouvida e honrada. Ela nos lembra que, no Reino de Deus, não importa o gênero ou as barreiras culturais, somos todas chamadas a florescer em nosso propósito, a levar a luz do evangelho e a sermos corajosas no meio das dificuldades.

Sua história é um convite a sermos ousadas. Como ela, podemos encontrar nossa força em Deus, mesmo em meio às adversidades. Deus nos chama a liderar, a servir, a perseverar, sabendo que, como Júnia, somos vistas e valorizadas por Ele. Mesmo quando as dificuldades vierem, temos a certeza de que o nosso trabalho para o Reino nunca é em vão.

Que possamos, como Júnia, florescer na liderança e na coragem, sabendo que o nosso lugar no Reino de Deus não é determinado pelas limitações humanas, mas pelo chamado divino. Seja qual for o desafio, seja qual for o caminho, nosso testemunho de fé é uma luz que brilha, e como Júnia, podemos ser notáveis aos olhos de Deus e dos outros, se permanecermos fiéis ao evangelho.

Semana 52

Pausa & Reflexão

Dia

01 Estou disposta a assumir meu papel de liderança e serviço no Reino de Deus, assim como Júnia foi reconhecida por sua dedicação?

---

02 Mateus 5:10 nos lembra: "Bem-aventurados os perseguidos por causa da justiça, pois deles é o Reino dos céus". Tenho perseverado em minha fé, mesmo diante de adversidades e perseguições, como Júnia fez ao ser presa por causa do evangelho?

---

03 Gálatas 3:28 diz: "Não há judeu nem grego, escravo nem livre, homem nem mulher; pois todos são um em Cristo Jesus". Tenho apoiado e incentivado o ministério de mulheres na igreja, reconhecendo seu valor e importância?

---

04 2 Timóteo 1:7 diz: "Porque Deus não nos deu espírito de covardia, mas de poder, de amor e de equilíbrio". Como posso ser mais ousada em meu serviço a Deus, enfrentando desafios com fé e coragem?

---

05 Tenho trabalhado com dedicação e de coração, sabendo que Deus vê e valoriza o meu esforço?

Semana 52

Local

_____

(Preencha com o local de seu momento devocional)

Checklist

	Atividade	Data
☐	Leitura	____/____/____
☐	Dia 1	____/____/____
☐	Dia 2	____/____/____
☐	Dia 3	____/____/____
☐	Dia 4	____/____/____
☐	Dia 5	____/____/____
☐	Aplicação	____/____/____
☐	Oração	____/____/____

Semana 52

Reflexão

Tire um momento de pausa a cada dia da semana para meditar e refletir por meio das perguntas sugeridas. Use este espaço para anotar suas respostas.

Semana 52

Aplicação

O que você aprendeu com essa mulher da Bíblia e como pode aplicar esses ensinamentos em sua vida?

Semana 52

Oração

Use este espaço para escrever sua oração.

Encerrando nossa Jornada

Querida amiga, chegamos ao fim desta jornada, mas o impacto dela em sua vida está apenas começando. Cinquenta e duas semanas passaram, e, ao longo de cada uma delas, você se conectou com as histórias, desafios e vitórias de mulheres que, assim como você, caminharam pela fé, com força e confiança no Senhor.

Hoje, quero expressar minha profunda gratidão por você ter escolhido trilhar esse caminho ao lado dessas mulheres da Bíblia e por ter permitido que Deus falasse ao seu coração de forma tão íntima. Cada devocional foi pensado para nutrir sua alma, mas foi sua determinação em manter-se fiel a esta jornada que fez com que as palavras aqui contidas ganhassem vida em sua rotina.

Agradeço a você, mulher de fé, mulher de coragem, por persistir, refletir e trazer para o seu dia a dia as lições que Deus reservou para você. Que a presença de Deus continue a guiar seus passos, assim como guiou essas grandes mulheres. Que sua vida seja um reflexo do amor, da graça e da sabedoria que você encontrou ao longo dessas semanas.

E, acima de tudo, lembre-se: sua jornada com Deus é contínua. As sementes plantadas nesses devocionais continuarão a crescer e florescer, frutificando em bênçãos em todas as áreas da sua vida. Que o Senhor te abençoe e te guarde, te fortaleça e te inspire a viver plenamente tudo o que Ele tem para você.

Com todo carinho e gratidão,

Tati Soeiro

AGORA, COM O
CORAÇÃO CHEIO DE FÉ
E GUIADA PELO

Espírito Santo

DEIXE QUE CADA ENSINAMENTO
DAS ESCRITURAS E O EXEMPLO
DESSAS MULHERES

se multipliquem em sua vida.

Permita que o Espírito Santo transforme
cada passo seu em um ato de fé e amor.

VOCÊ É UMA

porta-voz de esperança,

ESCOLHIDA PARA ESPALHAR FRUTOS
DE GRAÇA E TRANSFORMAÇÃO.

Lembre-se:
VOCÊ FOI PREPARADA PARA ESTE TEMPO E CHAMADA PARA CRESCER, IMPACTAR E DEIXAR UMA MARCA.

floresça

COM OUSADIA

e permita que seu testemunho alcance muitos.

Sobre a autora

Tati Soeiro é esposa de Rodrigo Soeiro, mãe do Davi e do Lorenzo, formada em Odontologia e Teologia. Hoje pastoreia a igreja ADAI, junto ao esposo, também lidera o Movimento Flores, que é o movimento de mulheres da igreja. Tem outras publicações e, agora, traz o *Devocional Florescer*.

Devocional Florescer
Copyright© 2024 by Tati Soeiro
Copyright© 2024 by Ágape Editora

Editor
Luiz Vasconcelos

Coordenação editorial
Letícia Teófilo

Revisão de textos
Editora Ágape

Projeto gráfico e diagramação
Tatiane Sato

Capa e Ilustrações
Tatiane Sato

Texto de acordo com as normas do Novo Acordo Ortográfico da Língua Portuguesa (1990), em vigor desde janeiro de 2009.

Dados Internacionais de Catalogação na Publicação (CIP)
Angélica Ilacqua CRB-8/7057

Soeiro, Tati
    Devocional jornada florescer / Tati Soeiro -
São Paulo, SP: Ágape, 2024.
      384p. : il., color.
ISBN 978-65-5724-134-9

    1. Devoções diárias 2. Vida cristã 3. Fé 4. Palavra de Deus I. Título

24-5215   CDD 242.2

EDITORA ÁGAPE LTDA.
Alameda Araguaia, 2190 - Bloco A - 11º andar - Conjunto 1112
cep 06455-000 - Alphaville Industrial, Barueri - sp - Brasil
Tel.: (11) 3699-7107 | Fax: (11) 3699-7323
www.editoraagape.com.br | atendimento@agape.com.br